我们完全有理由相信，“龙江风格”作为公认的社会道德准则，它与雷锋精神融为一体，不仅将有力地推动社会主义核心价值观建设，而且也必将成为建设全面小康与和谐社会不可或缺的重要精神力量。

龙江英雄谱

● 俞月亭 著

海峡出版发行集团 | 福建人民出版社
THE STRAITS PUBLISHING & DISTRIBUTING GROUP | FUJIAN PEOPLE'S PUBLISHING HOUSE

图书在版编目（CIP）数据

龙江英雄谱/俞月亭著．—福州：福建人民出版社，2017.9
ISBN 978-7-211-07644-4

Ⅰ.①龙… Ⅱ.①俞… Ⅲ.①抗旱—先进事迹—龙海—现代 Ⅳ.①K820.857.4

中国版本图书馆 CIP 数据核字（2017）第 096591 号

龙江英雄谱
LONGJIANG YINGXIONG PU

作　　者：俞月亭
责任编辑：满　艺
出版发行：海峡出版发行集团
福建人民出版社
电　　话：0591-87533169(发行部)
网　　址：http://www.fjpph.com
电子邮箱：fjpph7211@126.com
地　　址：福州市东水路 76 号
邮政编码：350001
经　　销：福建新华发行（集团）有限责任公司
印　　刷：福州万达印刷有限公司
地　　址：福州市仓山区金山大道 618 号橘园洲工业园 19 号楼
开　　本：889 毫米×1194 毫米　1/32
印　　张：8
字　　数：106 千字
版　　次：2017 年 9 月第 1 版　2017 年 9 月第 1 次印刷
书　　号：ISBN 978-7-211-07644-4
定　　价：28.00 元

本书如有印装质量问题，影响阅读，请直接向承印厂调换

序

王仲莘

2018年2月，闻名全国的“龙江风格”诞生五十五周年。福建人民出版社出版俞月亭的《龙江英雄谱》一书，是对“龙江风格”最好的纪念。

《龙江英雄谱》收入《抗天歌》《玉枕人——1963年纪事》《又要堵江了！》《热浪》等四篇作品。其中《玉枕人——1963年纪事》原稿三万字，当年《福建日报》发表时压缩为一万二千字。后经改写，本拟发表于《收获》杂志，惜因浩劫原稿丢失。收入本书的《玉枕人——1963年纪事》一文，是2008年重写的，增至四万八千字，是第一次与读者见面。至于《又要

堵江了!》《热浪》，则是作者当年采访时的副产物。从“榜山风格”“玉枕风格”激起的几朵浪花，我们可以看到它们当时在社会上产生的巨大影响。

《龙江英雄谱》是第一部以“龙江风格”为主题的报告文学作品集。几篇主要文章，当年在报上发表后，曾获得读者广泛好评。其中《玉枕人——1963年纪事》一文，还受到著名作家巴金的肯定，认为“题材激动人心，写得也不错”。这几篇文章，我也曾不止一次地看过，每次看都很感动，五十多年后的今天重读，仍然抑制不住内心的激动。所以我相信，这部报告文学集一定会受到读者的欢迎和喜爱。

《龙江英雄谱》作为“龙江风格”的原创作品，它的主要特点，或者说主要贡献是什么呢?

一、真实记录历史，全面展现风采

在很长的一段时间内，人们对“龙江风格”的故事，主要是从戏曲和电影中了解的，而戏曲和电影（比如京剧《龙江颂》）着重介绍的是故事的一部分（即“榜山风格”），而对故事的另一部分“玉枕风格”则没有讲到。同时，有些虚构情节，也违反历史真实，比如说阶级敌人破坏堵江，就是无中生有。所以，人们都渴望了解一个真实的龙江故事。现在，《龙江英雄谱》的出版，可以满足大家的这个要求。收入本书的《抗天歌》一文，是时任《福建日报》总编辑的孙泽夫同志带领九名记者，于 1963 年底深入龙海现场，经过半个月的采访，在掌握大量第一手材料的基础上，由俞月亭执笔写成的；而《玉枕人——1963 年纪事》一文，则是俞月亭独自一人深入玉枕大队采访后写成的。作者告诉我，他们当年在龙海的采访，写稿全凭亲眼所见、亲耳所闻的第一手材料，对第二手材料未经核实一律不用。比如他写《玉枕人——1963 年纪事》，第一次去采访用了二十几天，后来为了补充材料，又去住了十几天。为了保证真实，对于施工中的高难度操作，比如合龙口打桩的方式，他们没有亲眼见过，就请技术人员到现场演示给他们看。为了做到真实，他们认真对待当地的风俗习惯，比如当地的人名，

有的叫狗屎，有的叫饭桶，有的叫臭头，听起来有点不雅，有人建议俞月亭写稿时不妨按照谐音给改一改，如黄狗屎可以改为“黄九使”。在当年发表的《玉枕人——1963 年纪事》里，俞月亭的确改了，但在这次重写时，他觉得这不符合当地的风俗习惯，又改回了原名，认为这样更真实，更有泥土味。还有一个语言问题。俞月亭是外乡人，不懂闽南话，但通过翻译，他很快熟悉了一部分方言，并且用得也很贴切，使文章增添了闽南味。如当地有一句流行语，叫“莫衰小”。“莫衰小”的意思，就是做人要有骨气，肯助人，不做孬种。“莫衰小”三个字几乎成了黄狗屎和玉枕人的“专利”。例如，黄狗屎在欢送参加打桩的汉子们时大声吼道：“同志们，莫衰小啊！”四十条汉子齐声回答：“莫衰小！”让人感到豪气十足。

《龙江英雄谱》最突出的贡献，是为龙海县（今龙海市）的堵江抗旱斗争描绘了一幅波澜壮阔的全景图。其中，不仅浓墨重彩地介绍了“榜山风格”，也浓墨重彩地介绍了“玉枕风格”。榜山公社首开风气之先，时间可以追溯到

1960年。是年发生春旱，榜山公社发扬舍己为人的共产主义风格，让出三十三条港道的水，支援莲花公社一万五千亩受旱田地及时溶田插秧。《福建日报》记者江福全发了一条新闻，奏响了“榜山风格”的序曲。1963年在遭遇特大干旱情况下，榜山公社又以“丢千七、保十万”的大气魄，为全县战胜大旱作出重大贡献，此举史无前例，理应大书特书。莲花公社的玉枕大队地处九龙江口，在堵江中承受的损失远大于榜山，而在大坝施工中又主动请缨，承担最艰巨、最危险的合龙口打桩任务，即所谓“用自己的手掐断自己的喉咙”，形成了令人敬佩的“玉枕风格”，同样也值得我们大书特书。《龙江英雄谱》把一个真实的、全面的、完整的“龙江风格”介绍给读者，弥补了过去宣传上的不足，澄清了戏剧的误导，也为后人留下了一份弥足珍贵的史料。

二、集中群众智慧，破解时代难题

历史唯物主义者一向认为，人民群众是物

质财富的创造者，也是精神财富的创造者。不是吗？摆在我们眼前的“龙江风格”，就是一个活生生的例证。但是，作为堵江抗旱斗争最大的精神成果，“龙江风格”来得也并不容易。最初，支持堵江的“理论”只有四个字，即“丢卒保车”。那么，“车”和“卒”究竟是一种什么关系呢？为了破解这个谜团，俞月亭走进了玉枕大队。他知道，玉枕在堵江工程中损失最大，因此他们也最有资格回答这道难题。在玉枕大队，作者在会内会外听到干部群众对于“丢卒保车”各种各样的解读。比如，有的人谈到传统义利观的影响，说：“只要理气说直了，便是无收无吃都没关系。”有的人回忆起新中国成立后的变化，特别是1959年“八二三”遭遇特大风潮灾害后，由于党的高度关切，驻军部队以及兄弟地区、兄弟社队的大力支持，仅仅用了半个月玉枕就恢复原貌。他们说：“没有共产党就没有玉枕洲。不能过了桥就扔拐杖。”有的将心比心，换位思考，说“要是我们不住在玉枕，而住在海澄或别的地方，我们想不想堵江？”有的统观全局，权衡利弊，提出：“先保十万，再保两千。有大局在，就有玉枕在。”有的将“车”与“卒”、大局与小局的关系，比作一粒谷与一袋谷的关系，说：“拿掉玉枕这一粒谷，一袋谷还是满满一袋谷；要是把一袋谷推倒了，看你一粒谷还能不能装满一麻袋!”有的人谈到玉枕人的性格，说玉枕人“莫衰小”，帮助别人从不吝啬，“这一次我们也不能让人看笑话，让国家受损失”。

群众的议论，或许比不上那些长篇大论，但他们回答了“车”与“卒”、大局与小局的关系问题，也从多方面丰富了“龙江风格”的思想内涵。这是党的群众路线在政治思想领域一次成功的实践。作家的高明就在于：他不以表现农民对堵江的支持为满足，而把打造“龙江风格”作为追求的目标。作者在《又要堵江了!》一文中说：“是的，所谓进步，所谓觉悟，不就是在一次一次不断的实践中慢慢积聚的结果吗？人们在实践中看到了真理，接受了真理，日积月累，就觉悟了，进步了，提高了，人类社会不就是这样发展过来的吗?”我认为，作者对“龙江风格”形成原因所作的这个分析，是

完全符合唯物主义认识论的。

三、旗帜鲜明地礼赞英雄

“祖国是人民最坚实的依靠，英雄是民族最闪亮的坐标，歌唱祖国、礼赞英雄从来都是文艺创作的永恒主题，也是最动人的篇章。”“龙江风格”作为一种精神形态，最可贵的品格是顾全大局，舍己为人，勇于担当，而这些优秀品质集中体现在堵江抗旱斗争中涌现出来的英雄人物身上。俞月亭在深入龙海采访，特别是对玉枕的采访中，倾注最大热情寻找英雄、了解英雄，勾勒出一群栩栩如生的英雄形象。一是成功地记录和刻画了黄狗屎这个重大典型。“龙江风格”中有两个关键人物，一个是洋西大队支部书记邱程溪（京剧《龙江颂》中江水英的原型），一个是玉枕大队党支部书记黄狗屎，但此前的宣传中说得最多的是邱程溪，对黄狗屎很少提及，这是不公平的。《玉枕人——1963年纪事》一文，详细介绍了黄狗屎的英雄事迹，弥补了过去宣传上的不足。黄狗屎是渔民子弟，性格倔强，为人豪放，乐于助人，敢于担当，新中国成立后一直是当地农、渔民走集体化道路的带头人，一心为民，夙夜在公，把一生都献给了新农村建设事业，堪称玉枕的梁生宝（长篇小说《创业史》的主人公）式的人物。在此次堵江抗旱中，他从全局利益和玉枕的长远利益出发，耐心做群众的思想工作，发挥了关键作用，立下汗马功劳。俞月亭通过对玉枕的两次采访，把黄狗屎这个英雄人物的事迹充分发掘出来，这对宣传和研究“龙江风格”具有重要意义。

俞月亭在采访中发现的另一批英雄人物是事业型的，他们热爱水利事业，有的人本身就是水利技术员，如蔡昌、王三耳、高耳钩、蔡金等。他们业务精湛，经验丰富，足智多谋，指挥有方，为大坝顺利合龙等作出重大贡献。特别值得一提的是蔡昌，在两次垮坝的紧急情况下，沉着应对，指挥若定，颇有大将风度。

俞月亭发现的第三批英雄人物，是闻名遐迩的玉枕打桩队。玉枕自愿报名参与打桩的共有四十人，除十四人负责后勤工作外，直接参

与打桩的是二十六人，比如蔡木生、蔡允盛等。他们个个技艺高超，机智勇敢，在水上走梅花桩如履平地。打桩英雄们一不怕苦、二不怕死的革命英雄主义精神，令九龙江两岸上千围观者无不为之动容。

读者朋友看了这些闻所未闻的英雄人物与英雄事迹，一定会想：假如当初作家不去发现，不去记录，那他们岂不是要永远被埋没？是的，从这个意义上说，俞月亭功不可没。

作家热爱英雄，英雄需要作家。正如作家柳青通过写作与英雄王家斌（《创业史》里梁生宝的原型）结下不解之缘一样，俞月亭也通过写作与英雄黄狗屎、玉枕打桩队以及玉枕人民结下了不解之缘。

四、借鉴传奇手法，讲好龙江故事

俞月亭同志大概对古典文学很有兴趣，他主持拍摄的电视系列片《聊斋》曾享誉全国。在写作《龙江英雄谱》时，他也充分借鉴了古典小说的表现手法，《抗天歌》和《玉枕人——

1963年纪事》都有这样的特点，把笔墨集中在对英雄人物、主要情节的刻画上。比如，《抗天歌》在写到西溪大坝合龙时，有这样一段描写：

> 第一次合龙没有成功，指挥部决定：沉船！两条木船使劲地劈开浪峰，横卡在竹桩旁。一个穿着裤衩，袒露胸膛，全身肌肉深褐发光的大汉，“嗖”地从坝上跃入船中，接过一个个的沙包，堆在船里。五包、十包、二十包、三十包，船往下沉了，带着沙包和大汉往下沉，沉到大腿了，沉到腹部了，沉到胸口了……岸上，几千人大声呼喊：“快起来！”个个拳头捏出一把汗水。只见大汉不慌不忙，“呼”的一声跳进旁边那条事先绑好的空船，人们嘘出一口气，数千只手向他挥动。接着，大汉又跳入第二条船……

《玉枕人——1963年纪事》在介绍大坝合龙的情况时，谈到打木桩，文中有这样一段描写：

> 一个钟头以后，第一排三根木桩打下去了。顾不得休息就动手打第二排第三排，

二十六个玉枕汉子分成两班轮流上场。打第一排时，因为靠近坝身，护桩的人还有一个斜坡可以立脚，这时却连这一点依靠都没有了，要把这一丈八尺长的木桩送出去插进急流里，而且要保持垂直，就要有人抬着木桩，踩着刚打下去的木桩往外送。共产党员、团支部书记蔡木生和青年蔡允盛自告奋勇地说了声“我们来！”就抬起木桩踏上了只有碗口大的桩头，一步一步走出去，就跟小说里练武的人走梅花桩一样，但梅花桩下面是平平的陆地，现在他们的脚下却是翻滚咆哮的波涛！

《玉枕人——1963年纪事》在介绍向合龙口扔沙包的场面时，也有一段惊心动魄的描写：

工地上一声呼喊，民工们便扛起沙包，争先恐后地奔向合龙口，将沙包扔下急流。

“呀，都这么扔下去，沙包填不严实，就会漏水，一漏水，岂不又要垮了？”站在一旁的王三耳急得叫起来。

但这时的人们一门心思只顾着扔沙包，

想早一点将合龙口填满，谁也没注意到这位老水利的提醒。倒是让杂在人群里扛沙包的蔡木生听见了。他顾不得多说，当即把衣服一脱，手一扬，喊了声：“玉枕的小伙子，跟我来!”快步跑到合龙口，“扑通”一声跳进了急流里。紧随着，又有七八个玉枕青年跳了下去。其他大队有的社员猜到了他们的用心，也“扑通、扑通”跳下去一些人。他们潜到一丈多深的水底，冒着被巨大的引力吸进窟窿的危险，发现小漏洞就把沙包拉拉整齐填密填实，遇到大漏洞就浮上水面抱一个沙包潜下去填满，一直到合龙全部结束，把所有合龙口的漏洞堵得严严实实，又检查一遍确保安全后才泅上岸来。

阅读上述段落，我的眼前仿佛出现《水浒传》中浪里白条张顺和阮小二、阮小五兄弟在江面上神出鬼没地与官军厮杀的身影。

总之，文笔生动、富有传奇色彩，也是《龙江英雄谱》的一大特点。

“龙江风格”从诞生到今天，已经过去了半

个多世纪，我们现在出版《龙江英雄谱》一书，有什么现实意义呢？

要弄清这个问题，首先要看到，“龙江风格”体现了我们共同的理想和信念，而理想信念是不受时间限制的。在阅读《龙江英雄谱》书稿以前，我收看了由福建省委宣传部与中央电视台、中国电视剧制作中心联合摄制的电视剧《绝命后卫师》。“龙江风格”与《绝命后卫师》是发生在不同时代的故事，但在历史上都以顾全大局著称。他们为什么能够顾全大局呢？就因为他们都是具有崇高理想的英雄群体。红五军团第三十四师为掩护中央红军突破湘江天险，英勇奋战，不怕牺牲，他们为的是夺取长征的胜利，为的是推翻三座大山，建设新中国。龙海县榜山公社和莲花公社玉枕大队以一千三百亩、两千亩田地被淹或被旱为代价，支持堵江抗旱，与全县人民共同创造了“九龙江有水不算旱”的奇迹，他们为的是什么？为的是夺取全县农业丰收，巩固发展集体经济，建设社会主义。这两件事都说明，理想和信念对于革命和建设事业的极端重要性。现在我们要继续推进改革开放和社会主义现代化建设，最重要的一条就是，必须具有坚定的理想和信念。

“心中有信仰，脚下有力量。”《龙江英雄谱》以无可辩驳的事实证明，社会主义、共产主义的理想信念永远不能丢。与理想信念相联系的是社会主义核心价值观的建设。

“龙江风格”与雷锋精神，都是发生在同一时期的故事，所不同的是，雷锋精神讲的是如何做人。《雷锋之歌》唱道：“1963 年的春天，使我们如此地激动！——历史在回答：人呵，应该这样生！路啊，应该这样行！……”雷锋，就像毛泽东同志所要求的那样，做一个高尚的人，一个纯粹的人，一个有道德的人，一个脱离了低级趣味的人，一个有益于人民的人。而“龙江风格”讲的是如何做事，对在社会主义建设中如何处理局部与全局的关系，如何处理个人、集体与国家的关系，形成了一个新的社会道德准则，并且超越地域界限，走向全国。我至今还记得，1991 年长江流域发生特大洪水时，安徽、上海等省市就是发扬“龙江风格”，顺利解决了局部与全局的矛盾，取得抗洪斗争的伟

大胜利。因此，我们完全有理由相信，“龙江风格”作为公认的社会道德准则，它与雷锋精神融为一体，不仅将有力地推动社会主义核心价值观建设，而且也必将成为建设全面小康与和谐社会不可或缺的重要精神力量。

因为出版《龙江英雄谱》一书是我的建议，所以俞月亭同志就把作序的任务交给我。说老实话，我实难担此重任，但友情难却。啰啰唆唆讲了这么多，就算是我这过来人的读后感吧！

2017 年 5 月 1 日

自序

2000 年冬天的一个下午，一位福州的朋友带了一个陌生女孩子来到我家，说是想了解我当年采写《抗天歌》和《玉枕人——1963 年纪事》的情况。《抗天歌》和《玉枕人——1963 年纪事》是记录 1963 年闽南九龙江边的龙海县（现为龙海市）抗旱斗争的报告文学作品，后来名扬全国的革命现代京剧《龙江颂》就是根据那次抗旱斗争中出现的“榜山风格”创作的。这女孩子就是榜山那边的人，不过那时候她还没有出生，而到她懂事的时候，早已经没有人谈论“榜山风格”了。她来找我时是榜山中学的一名教师，而“榜山风格”纪念馆就设在榜山中学内，但因为纪念馆的门长期锁着，从来也未曾引起过她的注意。一次偶然的机会让她走进了纪念馆，她当即被那动人的故事所吸引。但她并不相信这一切都是真的。出于好奇，或者出于某种追求，她下决心寻找“榜山风格”的来龙去脉，并得到了龙海县委宣传部的支持。这一寻找，使她越陷越深，以致不能自拔。她已经跑了许多地方，访问了许多当年参加过堵江或者了解当年堵江情况的老人。她还准备沿着“榜山风格”发展的轨迹，走向长江中下游，寻找由“榜山风格”引发的深远影响。我们谈了整整一个下午。

大约一年以后，这个女孩子带了厚厚一叠打印稿来找我，说是请我提意见。又过了大约一年，我收到了她寄来的刚刚由作家出版社出版的新书《龙江人寻找龙江颂》，二十八万字，还收入了许多当年拍摄的珍贵照片。

不久，我又收到了她寄来的一张《文艺报》，说是文艺报编辑部专门为这本书组织了一个评论专版，发表了该报主编郑伯农、《小说选刊》主编贺绍俊、中国作协创研部副主任蒋巍等六位评论家、作家写的评论，称赞这本书“是一本弘扬时代精神、社会正气的好作品”，认为“‘龙江精神’虽然产生于那个艰苦的年代，但直到今天，仍然是我们社会的需要”，“我们永远讴歌人民的精神”。

这个女孩子名叫连月美，笔名“年月”，70年代出生的榜山人。

这本书饱蘸激情，全面地记述了“榜山风格”从诞生，到革命现代京剧《龙江颂》的出现，到发展成“龙江风格”，直到21世纪的深远的影响。这本书给我的震撼，与其说是它的内容，倒不如说是作者的精神。当许许多多年轻人热衷于追求金钱、名车、豪宅，流连于商场、酒店、夜总会、卡拉OK的时候，居然有这么一个女孩子，抛弃安定舒适的教书生活，风餐露宿，跋涉奔波，刨根究底，苦寻真知，竟花了三年时间，写出这么一本厚厚的书，来宣扬1963年发源于九龙江边的“龙江风格”！它仿佛给我一个启示：历史不会中断，传统还会继承，希望并未熄灭，问题是社会如何引导。

也是从那时起，已经被我逐渐淡忘的当年的情景又从记忆深处慢慢苏醒过来，以致让我下决心花了二十多天时间重写了《玉枕人——1963年纪事》，并更名为《玉枕英雄谱——1963年纪事》发表在我的博客上（现仍以原题收入本书）。

重写的《玉枕英雄谱——1963年纪事》并未引起什么轰动效应，但有一条署名“王海容”的玉枕青年的留言引起了我的注意，他写道：

> 俞老师您好，读了您写的关于玉枕人的文章，作为一个玉枕人，我深受感动！经常听老一辈人提起的“玉枕风格”，在您的文章里，我终于能够详细地了解到了。此时此刻，很多话我无法用语言来表达，只能说感谢您，感谢您为我们玉枕写下了这么多好的文章！我相信，您的这些文章将会激励着我们一代又一代的玉枕人继续发扬“玉枕风格”，努力把我们玉枕建设得更加繁荣昌盛。现在的玉枕已经发生了翻天覆地的变化，人们都过上了小康生活，相信黄九使（原名“黄狗屎”——作者注）

爷爷可以安心了。好了，先到这吧。最后我希望俞老师有时间的话可以来我们玉枕玩玩，我们玉枕人永远欢迎您！

春节期间，我还意外地接到王海容打来的电话，说他把我的文章介绍给了好些玉枕人看，大家都邀请我去玉枕走走，说玉枕人一定会热情地欢迎我。

2016年12月18日，“龙江精神”展示馆馆长、“龙江精神”研究会会长林兆明带着两个年轻人扛着摄像设备找到我家，说是要采访我当年采写《抗天歌》和《玉枕人》的经过。这时我才知道龙海市为了弘扬五十多年前出现的“龙江风格”已成立了展示馆和研究会，还准备在2018年举办“龙江风格”五十五周年庆典活动。

这几篇文章我一直不敢收进自己的书里，怕时过境迁，如今的读者早已失去了阅读的兴趣。连月美的作品、王海容的留言以及林兆明的到来让我鼓起了勇气。我的老领导、当年《福建日报》副总编辑王仲莘同志这时也非常热情地再三鼓励我，并不顾自己已九十高龄，毅

然答应为本书作序。这就是为什么我要把五十多年前写的这些东西整理出来出版单行本的原因。

最后再说明一下，书中，除了《玉枕人——1963年纪事》是2008年重写的以外，其他都是“文化大革命”前的作品。每一个时代都有一个时代的文风，这些文章当然也不可避免地反映了当时的文风，这是时代的特点，一般人、尤其是新闻人是左右不了的。为了保持文章的真实性，这次收编成书时我只在个别地方作了点修改，其他的一仍其旧。

2013年5月19日“榜山风格”诞生五十周年之际初稿，2017年2月8日修改

目　录

抗天歌

在我们创造新生活的历程中，有多少个不平凡的年月，闪耀着我们人民英勇斗争、豪迈劳动的光辉。只要一想起它，人们便会心情激动，充满力量。1963 年，发生在龙海平原的那一场堵江抗旱斗争，就是这样地振奋人心，这样深刻地留在人们的记忆里。

1963 年龙海遭遇千年大旱

闽南第一大江——九龙江的三条支流西溪、北溪、南溪，在龙海平原上纵横交错地构成一幅南国水乡的美丽图景。但是，就在这大江两岸，大旱曾经夺去多少粮食，多少生命！仅人们记忆所及，从清光绪二十八年（1902 年）至今的六十多年间，就有过九次。每逢大旱，赤地千里，饿殍遍野，连那九龙江水，也唉唉叹息，呜呜低咽。那时，人们多少回祈祷，多少遍祭祀，又有多少滴眼泪洒落在这九龙江上！人们想把九龙江水引上岸来，养人浇地，然而，在封建统治阶级的摧残迫害下，贫苦农民空有一双能干的手，却无可奈何。天灾和人祸一起，严酷凌虐着那些分散的无力的个体农民。

于是，旧时就有了一句流行的、人们形容那些根本不可能办到的事情的俗语：除非叫九龙江倒流！

然而，九龙江真的不能倒流么？不！历史的车轮滚滚向前，到了 1963 年，也就是在人民当家作主的第十五个年头，九龙江倒流了！

这一年春夏之间，地处九龙江下游的龙海县四十七万人民，奋起和千年未遇的持续二百五十三天的大旱作不屈不挠的斗争，硬是把九龙江下游的三条支流拦腰斩断，逼令江水倒流上岸，解救了二十多万亩酷旱的土地！

于是，九龙江两岸高高奏起了一曲抗天的凯歌。在这声震遐迩的凯歌声中，敢于逆天行事、迎着困难前进的革命精神出现了；“丢卒保车”、舍小我保大局的“榜山风格”“玉枕风格”出现了；保“车”又保“卒”、大局协力支援小局的动人心弦的场面出现了；团结互让、“冤家”变“亲家”的新事出现了；旱天不旱地、灾年大丰收的奇迹出现了……

“九龙江有水不算旱！”

1963年2月，按节令说，春天已经来到闽南了。

可是，在这广阔的龙海平原上，到哪儿去找那春雨迷蒙、新泥翻浪、草木吐绿、桃花满枝的迷人春色呢？自从1962年秋后到现在，一百五十天的干旱，使得山塘干涸，水库见底，连那世世代代哺育着龙海平原四十多万亩土地

的母亲河——碧波浩荡的九龙江，也到处裸露着大片大片的沙滩，就像一条绿色长龙，忽然被一场烈火烧得遍体鳞伤。沿江十几个进水闸门，一个个被逼得落锁紧闭。而气温一直上升，初春的天气已煞似盛夏。干旱，还在无情地继续着，蔓延着……

这是一场百年未见的酷旱啊！

干旱，折磨着土地。春耕时节到了，龙海县二万七千多亩秧田，还有五千多亩播不下种；三十多万亩水田，只有十一万亩能勉强溶田插秧。不消说，大小麦吃不到水，卷叶了；越冬番薯喝不到水，枯萎了。

干旱，威胁着人们。许多地方，甚至连人吃的水也困难啦：角美公社石厝大队五百多户社员，每天都要到两三公里路外的“行坑井”排队挑水；东园公社的秋租、田厝、凤山、过田一带，社员用一小盆水都要精打细算，先淘米，后洗菜，再洗脸，然后留着晚上洗脚，再倒去喂猪；有的社员干了一天活，没水洗脚，干脆脏着脚板上床睡觉……

干旱，还向龙海人要在1963年实现“水稻亩产千斤县”的宏愿发出挑战。1962 年，龙海县只差三十六斤没有达到“千斤县”标准。这个小小的尾数激发起全县四十七万人民的斗志，他们努力发奋苦干了一个冬天，把各项备耕工作做得十分周到，决心要在 1963 年把“千斤县”拿到手。但是，无情的干旱，却使“千斤县”有落空的危险！

龙海人民不服，龙海人民咽不下这口气！1963 年 2 月，刚刚过完春节，龙海县党代会就在傍着九龙江的海澄镇召开了。一场伟大的抗天斗争，正在这儿酝酿形成。莲花、榜山、石码、东园、东泗等公社代表，纷纷提出堵江抗旱的建议，大会领导经过认真研究，决定接受代表们的建议。县委书记刘秉仁代表县委在大会上激动地表示：“龙海县在 1963 年实现‘水稻亩产千斤县’的决心绝不改变！我们要迎着困难前进，要与天争粮！”

会场活跃起来了，代表们交头接耳议论着：“说得好！我们要和天斗！”

“好，‘千斤县’有希望！”莲花公社黎明大队党支部书记、全国劳动模范黄海澄笑了。

当时的中共龙海县委工作人员（前排右二为县委书记刘秉仁，右一为县长杨保成）

“堵江，我们举双手赞成！”1962年度华东农业先进单位、福建省水稻高产冠军山后大队党支部书记杨金海高兴得跳起来。

“我们有救了！”东园公社的代表兴奋地叫道。

“堵他一次九龙江，叫老天爷看看我们人民公社的力量！”许多代表都热烈地互相祝贺。

刘秉仁望着会场上热烈激动的气氛，一股热流“嗖”地涌上心头，他挥一挥手又大声喊道：“九龙江有水不算旱！同志们，拿出我们的勇气来，好好地与天斗一斗吧！”

“九龙江有水不算旱！”这个激动人心的口号，立即响彻了整个龙海，有多少人要争取参加堵江，为“千斤县”贡献自己的一份力量啊！你看，一共只有一百八十多个劳力的东园公社秋租大队，报名堵江的竟有二百五十多人；正准备在元宵节结婚的过田大队女社员何草桃，马上给爱人捎去口信：“堵完江，再回来结婚！”凡是有希望吃到九龙江水的地方，干部社员都连夜召开会议，组织人力物力，准备开赴堵江工地。

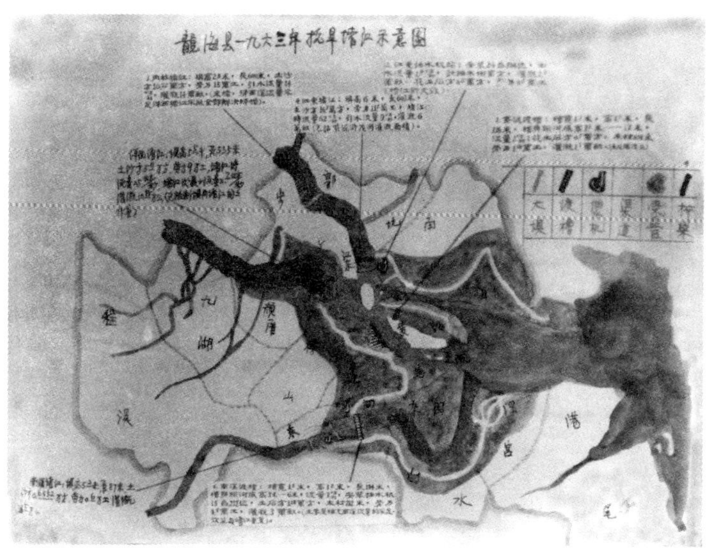

龙海县1963年抗旱堵江示意图（郑厚根绘制）

县委领导会同水利部门和有关公社代表，又到南溪、北溪、西溪作了一次实地踏勘，很快制订了堵江方案：北溪先建抽水机站，抢救角美公社三万亩土地；南溪截流，引灌东泗、白水、浮宫近五万亩土地；而依靠西溪灌溉的榜山、石码、莲花、东园四个公社和东泗公社一部分大队共约十万亩土地，是全县水稻高产地区，面积占全县的四分之一，产量却占三分之一，这是全县的战略重点地区，是全县的精华所在，县委决定，马上动手，先堵西溪！

一场抗天斗争的风暴卷起来了！

一曲抗天斗争的战歌唱响了！

可歌的榜山、玉枕风格

现在，人们急切地注视着榜山和玉枕洲。

横堵西溪，把江水引入九十九弯港道，可以抢救五个公社近十万亩受旱土地，但是榜山公社洋西、崇福等大队的大片低洼土地却要因此受淹。这里有翠绿的秧苗，有已经吐穗的麦子，有已经上足了肥料即将溶田插秧的大田，江一堵，大水漫进来，这一切就都要泡到水里去了。而位于九龙江入海口、全部吃喝用水都要靠九龙江流下去的淡水的玉枕洲——莲花公社玉枕大队的两千多亩土地，却要因为堵江截流、水源断绝，陷入想象不到的苦旱之中。

淹榜山，旱玉枕！——严重的考验摆在他们的面前：是为了大局，勇敢地承担一切牺牲呢，还是为了小我，不愿甚至反对这个伟大的壮举？榜山人、玉枕人啊，你们将怎样回答这道难题？

在榜山公社的党支部书记会议上，经过一场热烈的争辩，大家同意了“保大局”！

可是，洋西大队党支部书记邱程溪却闷声不响。西溪堵江的坝址正好选择在他的大队旁边，这时候他在想什么？啊！这个童年时代曾经随父母逃灾要饭的人，脑子里正在翻江倒海般进行着激烈的思想斗争。他对自己说：“如果是我自己的，我什么都舍得，没有党，还有我邱程溪？可这是集体的啊！万把人上场，洋西那小小地方，踩都踩平了。田地受淹，砖瓦窑停火，这一年社员的生活怎么安排……”

党委书记苏海成似乎猜透了邱程溪的心思，像对他又像对大家说："现在摆在我们面前只有两条路。要么，不堵江，保我们几百亩，丢十万亩；要么丢几百亩，保十万亩，我们勇敢地准备作出一些牺牲。照我看，有大局在，就有榜山公社在，就有洋西在。老邱，你说是不是？"

邱程溪的心猛地一震，脑子一下亮堂了：是啊，1960 年大洪灾时，不是兄弟公社派出大批社员帮他们抢修了洋西大堤？当他们被洪水围困在村后小山上，那难熬的五天五夜，不是党和国家给他们送来了救命的馒头？这几年洋西连年遭灾，不是党和国家给他们送来了粮食和资金？想到这里，他激动地回答说："苏书记，我相信党，我同意堵江！"

洋西大队的社员们，他们是否都像他们的党支部书记邱程溪这样想呢？是的，当他们只看到自留地，只看到自己一个大队的时候，有些人想不通；可是，当党教育他们把眼光由自留地和洋西一个大队转到全县、全省，甚至全国的时候，听，贫农女社员林兰激动地说："要是下游几万亩失收，我们三百亩，就是丘丘结

郑水龟

金子，也没有用呀!”你再听听旧社会当过半辈子长工的贫农郑水龟怎么说：“堵江引水，淹掉几百亩，换来几万亩好收成，这是‘丢卒保车’，很值得。”

与此同时，在玉枕洲，大队党支部书记黄狗屎也正沉着地在和社员算一笔账——十万亩产多少粮？两千亩产多少粮？

社员们感到奇怪，说：“这有什么难算的，十万比两千就是五十倍嘛!”

黄狗屎笑着大声说：“对了，县委就是算了这笔大账才决定堵西溪保大局的。”

堵西溪保大局，玉枕洲一点水源也没有了，这不是掐自己的喉咙吗？可是这时候，玉枕人

回忆起了1959年8月23日这个令人没齿难忘的日子。那一天，一股十二级以上的强台风从东海面翻滚而来，夹着暴雨、大潮，猛袭玉枕洲，全洲十五公里长的围洲海堤全部崩塌，玉枕洲变成一片汪洋，房屋、船只、牲畜、肥料都毁于水。正是在这个大难当头的时候，云霄、海澄、漳浦三县的公社社员和人民解放军济南二团官兵共八千多人赶到了玉枕洲，日夜奋战半个月，又给玉枕洲筑起了一条围洲大堤，泥水工人帮他们修起了两百多间房屋，各地群众送来了两千多件衣服和日用品、四十只船和大批的农具，国家和兄弟地区还送来六万元资金帮助他们恢复生产。不到两个月，全洲不见一点灾痕，并且取得了晚稻大丰收。想起这些，大家一个个眼眶发红。人们激动起来了，呼喊起来了："没有共产党就没有玉枕洲！""十万亩保不住，我两千亩收成再好，还不够作种子！""有大局在，就有玉枕在！"

这就是榜山人和玉枕人的声音！这就是榜山人和玉枕人的风格！这种风格，正是堵江抗天所最需要的胜利因素——人的精神力量！

擒龙时刻

2月14日，首堵西溪的序幕揭开了。

公路上，人来车往，沙尘滚滚；大江上，船队急驶，浩浩荡荡。一万多名编成战斗队列的人民公社社员，扛着锄头，挑着畚箕，背着被包，从四面八方，水陆兼程，奔赴堵江工地——榜山公社洋西大队。

抗旱堵江后勤部在几十个小时内就把堵江所需要的物质力量和技术力量组织起来了。

商业部门送来各种堵江物资、器材，手工业部门送来畚箕、扁挑、麻袋、麻绳。

交通运输部门把最好的车辆和船只组成支援堵江运输队。

医疗组、宣传队、服务站等相继在工地上出现了。

机关、学校、城镇居民组成的堵江战斗队也开上了工地……

这时候，西溪沿岸榜山公社的洋西等几个大队的干部和社员，也开始热烈地接待堵江大

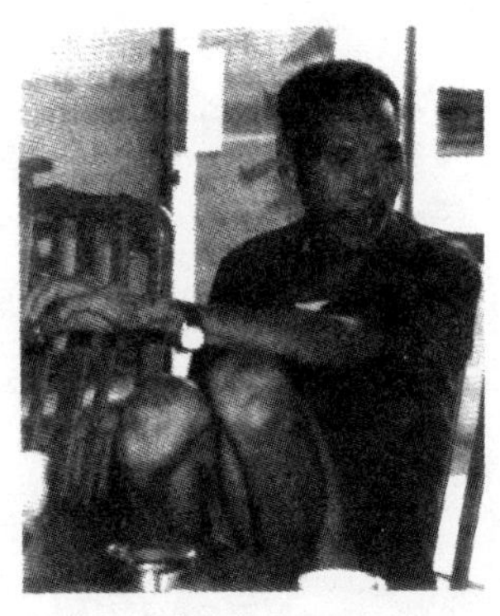

洋西大队大队长郑流涎

军。他们把学校、祠堂等打扫得干干净净，搬出烧窑用的茅草给民工垫床铺，最后又把自己的住房让了出来。洋西大队大队长郑流涎硬是腾出三间住房让给莲花公社豆巷大队的十一个民工住，自己全家五口人却挤在一间厨房里。民工们过意不去，说："堵江淹了你们的田，现在又弄得你们没有地方住，叫我们怎么感谢你们呀！"郑流涎笑着说："不要那样说，都是一家人嘛！"军烈家属林兰腾出了两间房屋，把东园公社的民工迎进家里，说："就在这里住下吧，这就是你们的家了。"而榜山公社崇福等几个大队的民工却只用甘蔗尾盖一个顶棚，三四个人合一床棉被，露宿在寒风凛凛的江岸甘蔗园边。

2月15日，腰斩西溪的战役打响了。宁静的洋西一霎间扬起震天动地的声浪。

在那滚滚的人流里，有多少英雄好汉！

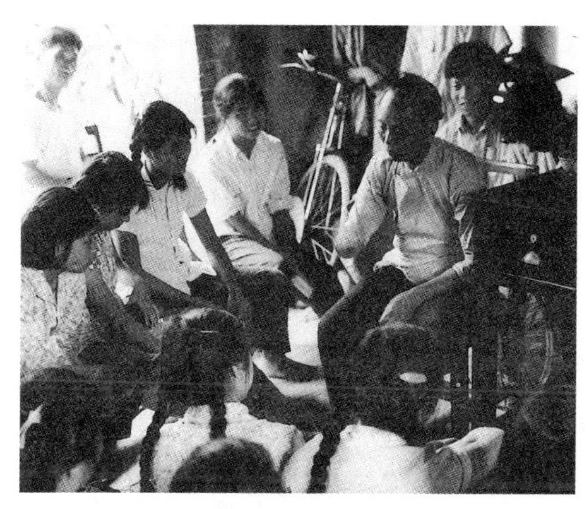

军烈家属林兰和年轻的社员们

榜山公社一千三百个民工中，副生产队长王德带领的八员大将特别引人注目，他们每担都要挑一百六十来斤沙，从天麻麻亮直到天黑，谁也不知道挑了多少担。

有三个大汉一肩挑八畚箕沙冲过来了，人们不禁叫起来："大力士！大力士！"他们是谁？东园公社的社员陈贤、黄恣面、江树。

那个被大家称为“铁臂手”的陈瑞成，一天就挖了土方十方。

洋西社员郑天来摇船运土，别人一天运五趟，他一个上午就运了四趟。为了准确地卸土，他每次都要跳入齐胸的江水，一泡就是半个钟头，冻得嘴唇发紫，还是笑声不断。

夜缝沙袋

二十四岁的青年女共产党员许素兰带领九十八个女社员，连装沙，带缝包，一个小时就装了一千一百袋。

…………

18日，由南北两岸同时起筑的沙坝开始向合龙口夹攻，数十名打桩手把一根根丈把长的竹桩打进激流中。下午四点，指挥船上发出合龙的命令。顿时，几千袋沙包，数不清的土块、沙土，急风暴雨似地向合龙口倾泻，浪花溅起一丈多高。

九龙挣扎了。龙口越缩小，江水更咆哮，浪头冲起半人多高，投下的沙包刹那间被冲出两丈多远，甚至把竹桩压弯了，冲倒了。九龙发狂似地翻滚，任你投下多少沙包，也不肯就范……

西溪堵江的劳动场面

第一次合龙没有成功，指挥部决定：沉船！两条木船使劲地劈开浪峰，横卡在竹桩旁。一个穿着裤衩，袒露胸膛，全身肌肉深褐发光的大汉，“嗖”地从坝上跃入船中，接过一个个的沙包，堆在船里。五包、十包、二十包、三十包，船往下沉了，带着沙包和大汉往下沉，沉到大腿了，沉到腹部了，沉到胸口了……岸上，几千人大声呼喊：“快起来！”个个拳头捏出一把汗水。只见大汉不慌不忙，“呼”的一声跳进旁边那条事先绑好的空船。人们嘘出一口气，数千只手向他挥动。接着，大汉又跳入第二条船……

他是谁？一个普通的共产党员，洋西水利管养所副主任康金溪。

七点一刻，九龙终于就擒了。但是它还在挣扎，它正在积聚力量，向沉船叠起“挡水墙”两端的缝隙钻，向最薄弱点作最后的冲击。水位迅速上涨，冲力越来越大，刚刚叠起不到三米宽的龙坝，慢慢颤动了，突然一声巨响，大坝被冲开十多米宽的决口，成排的竹桩被冲倒了，沉下的第二条船被打得粉碎。

九龙得逞了！浪头翻江倒海般滚出堤坝……

“刘书记来了！”“刘书记来了！”

刚刚从工地回到县里的县委书记刘秉仁，听到崩口的消息又急急忙忙赶回来。他沉着地站在坝顶上，用坚定的语气对大家说：“同志们！堤坝冲垮了，但是冲不垮我们抗旱的决心，冲不退我们堵江的意志，不管九龙江水怎样凶，我们一定要把它堵起来！”

一个紧急会议在指挥船上召开了，大家认真地分析了失败的原因。刘秉仁斩钉截铁地说：“同志们，县委的决心坚定不移，现在最重要的是时间，再过两天，大潮就要来了，我们无论如何要抓紧时机，就是倾家荡产也要把江堵起来！”

“所需物资由地委、专署帮助解决。”在场的专署水电局局长随即表示。

深夜十二点半，漳州麻纺厂、专署粮食局和漳州运输总站几乎同时接到地委的电话：“洋西工地急需一万条麻袋，天亮前务必送到！”

在通往洋西的江岸上，两个青年女船工一前一后跌跌爬爬地拖着一只木帆船，吃力地逆

流而上。前面一个名叫陈阿乌，后面一个名叫翁爱宝。半小时前，她俩从睡梦中被石码航运站船只管理员郑水坝叫醒，要她们把四千条麻袋在天亮前运到堵江工地。她们二话没说，奔到船上就架起板桨，但是，因为是逆流行船，事倍功半，使劲划了两个小时，才驶出四公里。照这样划法非耽误时间不可，两人一商量，便跳到岸上，套起船索，沿着坎坷的堤岸，踏着朦胧的月色，把船一直拖到洋西。

漳州运输总站一辆货车满载麻袋，开亮车灯，风驰电掣般奔向洋西。

海澄拖拉机站开出两台拖拉机，挂着车斗，拖着几十根木桩朝洋西工地迅跑。

这一夜，漳州—洋西—石码，不知有多少人彻夜不眠地忙碌着。

不到清晨六点，堵江所需要的一切物资，全部运到了工地。

现在，最艰巨的任务是打桩了。合龙口上，激流翻滚，前两次合龙失败后残留下的竹桩、船板、竹箅，像一把把利剑，横七竖八地立在江中，人掉进水里，水性再好也会丢了性命。

而且，在这样的情况下进行深水沙基打桩，一根桩少说也得打一个小时，而现在却要把四十根桩在一天内打完。任务非常艰巨，又十分危险，它需要既有高度的英雄气概，又有高超的打桩技术的人来完成。谁来担当这个光荣的任务呢？就在这时，四十条好汉挺身而出，以坚决的声音响亮地回答："我们领下来！豁上命也要保证完成任务！"

整个工地的目光顿时射到了这四十条好汉身上。啊，他们是谁？

整个工地欢呼起来了："玉枕人！玉枕人！"

玉枕人在经历了一场激烈的思想斗争以后，不仅热烈地拥护堵江决定，而且派出了四十名身强力壮的打桩能手，前来支援堵江。几天来，玉枕人的忘我劳动赢得了整个工地的赞扬。现在，他们看到为大局最后作出贡献的机会到了，就毫不犹豫地献出了四十颗——不，是玉枕洲两千三百多个社员对祖国社会主义事业的赤胆忠心，将这个最艰巨，也是最后"掐断自己的喉咙"的任务，勇敢地领了下来。

七点正，合龙口上又一场惊天动地的激战打

响了。英勇的玉枕打桩手穿着裤衩，光着脊梁，顶着刺骨寒风，踩着滚滚洪流，爬上用麻绳绑套在木桩顶上的两根小杉木，喊着号子，齐心协力，先把木桩插进江心沙层，然后站在停靠在合龙口的小船上，抬起一百六十斤重的大石夯，使出祖祖辈辈在与大海打交道中锻炼出来的深水沙基打桩的全套本领，把一根又一根一丈八尺长的木桩打进江心。从日出打到日落，从日落打到满天星斗，终于一寸一寸地把四十根木桩全部打进了江心。这时候，四十双结满老茧的大手，已打得血泡累累、虎口淌血……

光荣啊，玉枕人！全工地每一个人都向你们致敬！全龙海四十七万人民都向你们致敬！你们的汗水洒满九龙江，滚滚流入十万亩肥沃的土地，流入龙海全县人民的心田！

20日清晨七时，洋西江面上，喊声震天，江摇地动，沙包、土块狂风暴雨似的落在龙口上。三十五分钟后，西溪再次断流，龙坝迅速地加固、壮大。至九时，长十二米，顶宽四米的龙坝与大坝紧密连接起来了，五百米长的拦江大坝，像一只钢打铁铸的巨手，把凶猛咆哮的九龙擒住了。

九龙终于被征服了！英雄的“擒龙手”们就要牵着九龙的鼻子，穿过洋西四孔大闸，顺着九十九弯港道走进龙海平原，让它乖乖地给人民公社干旱的土地送水去了！

风格水，友谊水，胜利水

然而，事情并不是一帆风顺的。被堵住的西溪江水，一步一步地在坝内上涨着，开始向两岸漫延，一夜工夫，上涨的江水便把洋西大队三百多亩吐穗的麦子、四十多亩秧田和社员的一部分自留地淹没了。当第一个发现这种情况的女社员蔡乌豆惊呼着跑进村去向人们报告时，正在睡梦中的人们一翻身跳下床，一边问着“什么？什么?”一边没命地往门外冲，一口气跑到大堤上，望着堤内淹在一片白茫茫大水中的麦地、秧田和自留地，顿时愣住了。

人们曾经有过被淹的思想准备，但没有想到，水会淹掉这么大片的庄稼。随后赶来的富裕中农郑西首先喊道：“集体淹了是大家的，自

留地淹了可是我自己的，非赔偿不可！”

有一个叫郑绍的人则冷笑着说：“这就叫拿石头砸自己的脚！”

部分社员也说：“麦子淹了就淹了，可是秧苗死了，早季生产怎么办？”

人群中有人提出要破堤。

洋西大队支部书记邱程溪和大队长郑流涎面对这种情况，一时不知该怎么处理，冷静了一下，觉得还是先打电话向公社党委请示，便转身跑回大队部。

公社党委书记苏海成接到电话，踩起自行车急忙赶到洋西，只见半公里长的堤上站满了人，他还未站稳脚，一大堆问题就向他倾泻过来了。他镇定地对大家说：“社员们关心集体生产，这很好。但是，我们要想一想，这一片地为什么受淹？还不是为了抗天，为了整个榜山公社有水，为了下游几个公社有水，为了实现‘千斤县’？如果不抗天，不要水，不要‘千斤县’，那就不会受淹了。至于秧苗，公社一定想办法。所受的损失也要研究处理……”大家静下来了，有人说：“对啊，难道受了一些损失，就不抗天了？”几个老贫农说：“干部想得周到，我们光会瞎嚷嚷。救人要救到底，这时破堤就是害人！”

群众不再嚷嚷了，一个个散去，那些本想趁机破堤的人也偷偷地溜了。

水，顺着九十九弯港道流向各个公社。头几天，上游的几个公社如获甘露，欢天喜地地忙着抽水、车水，秧田灌水，大田也灌水，但是下游的东园公社却仍然用不到水。县委发现这个情况，当即发出号召：“先溶秧田、后溶大田，先下游、后上游。”要求上游社队把所有闸门打开。于是，沿着九十九弯港道，又出现了一连串团结抗旱、互相让水的动人故事。

水流到了芦洲大队。这个大队在九十九弯港道旁边有个水闸，社员们一见水，高兴得不得了，都要求把闸板全部打开，把水放进来，有人还说：“我们的秧田、大田都旱得厉害，现在有水当然要吃个饱；我们是上游，当然要先用。”支部书记林亚心听到这些议论，当即带着社员一丘一丘去查看秧田，结果发现四十多亩秧田中需要灌水的只有二十亩。林亚心问大家：

“现在是先灌秧田要紧还是先灌大田要紧？”大家说：“当然秧田要紧啰。”林亚心又问：“那么下游秧田没水灌，我们却在灌大田，该不该？”一句话把大家问住了。贫农郭九十四大声说：“对呀，下游连种子都播不下，我们不让水，怎么说得过去！”其他社员也笑了：“堵江时我们榜山风格高，现在让水也要风格高。”林亚心高兴地说：“这就对了，在水头就要占先，这算什么风格？我们现在只能灌二十亩秧田，八百九十多亩大田七天后再灌。”

水，通过芦洲大队往下流，流到翠林大队陡门村前两棵大榕树下又被挡住了。这里有个水闸太小，流下去的水量很少。为了加大水流，大队决定在闸旁再挖一个洞，可是这却遭到一部分社员的极力反对，他们说：“我们村，后靠山，前盖伞（指两棵大榕树），闸门龙吐水，是好风水。再开一个洞不是把龙须斩断了？这是破风水，不能开！”一旁的贫农郑目一听生了气，反驳说：“什么风水？1946年大旱，全村失收，风水为什么不救救我们？”郑国政接上说：“是呀，人家都舍得‘丢千七、保十万’，我们队怎能给榜山丢脸？”一番话驳得持反对意见的人无话可说。大家喊一声：“挖啊！”立即挖了个两米见方的大洞。水通过翠林大队，又哗哗地流下去了，流速加快了一倍。事实证明，这次挖洞并没有破风水，陡门生产队早季大丰收，陡门人说：“我们是斩龙须，得丰收。”

水，流过去，流过去，流到了东园公社的新林、过田两个大队。这两个大队田地毗邻，中间有个闸门，新中国成立前为了这个闸门，双方结下了世代冤仇。上游的新林乡，一遇旱灾就把港道的水全部闸住，下游的过田乡不甘心，就发动人趁夜摸黑来偷偷开闸放水。1946年春旱时，新林乡集合一百多人，涌到水闸边，把玻璃瓶摔碎抛进港道，又倒上蚝壳、沙土，硬是把港道堵死了。这一来，纠纷闹大了，两乡农民拿着扁担、竹竿、鸟枪，就在田地上厮斗起来，整整斗了一天，当场打伤了三十多人。为了这，官司一直打到漳州府。海澄县政府没法子，只好在两乡交界的港道里，浇一道灰板调节双方水利，并立一石碑刻字为志，但事后纠纷还是照常发生。多少年来，双方互不往来，互不通婚。现在，港道水流到这里，正要往下再流的时候，被昔日浇下的那道灰板挡住了。过田大队党支部书记陈淑辉急得跑去找新林大队党支部书记林友俤，商量把灰板挖掉。林友俤满口答应，当晚把这事在社员会上一讲，大家说："过去打成冤家是旧社会害的，如今我们是人民公社，亲兄弟了，理该让水给他们！"第二天，就和过田大队社员一起，把那块灰板打掉了，还把正在抽水的一台六十匹马力抽水机和三十多张水车全部停止抽水三天，让港道水全部流到过田。多少年的"冤家"现在变成"亲家"了。

九龙江的水，就是这样通过九十九弯港道上的一个又一个闸门，通过人们思想上的一个又一个闸门，从榜山公社通行无阻地流过去，流到石码公社，流到莲花公社，流到最水尾的东园公社。

这是共产主义风格水，是友谊水，是幸福水，是胜利水！

三天以后，滔滔的九龙江水流遍了洋西、南港两大灌区。水到之处，大地苏醒了，草木吐青了，那早已旱得凋萎无神的麦苗、番薯和花生、大豆等都舒展开来。田地翻起了油黑的新土，田野上春水盈盈，抽水机、水车等又重新欢唱起来，到处是紧张劳动的人群，到处飞扬着吆牛声、欢笑声。春天，终于被人们迎来了，广阔的龙海平原，终于披上了绿色的春装！

面对着这清清的流水，人们是多么激动啊！女社员郭米热泪盈眶，激动得说不出话，半天才说出一句："共产党万岁！"莲花屿上大队八十二岁的老人高而立激动了半天，也只说了句："共产党真是伟大！"位于最水尾的东园公社田厝村，见到水时正值傍晚，人们顾不得洗脚、吃饭，丢下锄头、饭碗，便扶老携幼一窝蜂来到一公里多路外的新地洋去迎水。水流到哪里，人们就跟到哪里；水遇到土堆、小坡被挡住了，人们就跳进港道，用锄头拉、用手扒。到处是欢笑，到处是歌声！五十多岁的贫农老社员曾矮空望着这一片景象，忽然拔腿跑到分销店买了两包上等的"一支香"茶叶，舀来一桶港道水沏了一壶香茶，又请了几个老头到家里一起品茶。当他颤抖地端起茶杯时，不由掉下了眼泪，他无限感动地说："多少年来做梦都想九龙江水，真没想到我这一辈子还能喝上这样甜的水啊！"

一定要把"卒"救回

榜山公社的洋西、崇福等大队，莲花公社的玉枕大队，为了保"车"，为了保大局，自比小"卒"，遭淹受旱，作出了不小的牺牲。但，他们的牺牲换来了大局的胜利。到了清明插秧大忙时节，虽然老天仍然滴雨未下，因为有西溪江水顺着九十九弯港道滚滚流来，水尾的东园公社首先传来完成溶田的捷报，接着，莲花、石码、榜山也完成溶田，开始插秧了。

"车"终于保住了，可是"卒"呢？

从堵江算起，洋西、崇福等大队已受淹了足足一个月，现在还是水深齐腰，白茫茫一片。榜山公社党委向洋西大队的干部说："你们需要什么，我们给什么！"洋西大队的干部回答说："我们什么都顶得起，就是需要七八千把秧苗。"他们把全队劳动力集中起来，在九十九弯港道两旁筑起小坝，几天就把水排掉，溶好田，下了肥。公社把洋西缺秧苗的事跟邻近几个大队一说，大家当即把长得最壮的秧苗留下来，准备支援他们。

这一天，洋西大队大队长郑流涎带了六十个社员到平宁大队拔秧苗。平宁大队党支部书记方老厘领他们到田头，指着一块秧田对郑流涎说："你看这一块行不行?"郑流涎一看，这一丘比邻近几丘长得都好，激动地说："你们拿这样好的秧苗'风格'我们，太感谢了!"方老厘说："你们'风格'几个公社，才应该感谢呢!"洋西大队党支部书记邱程溪到雩林大队要秧苗，大队长一把拉住他的手，高兴地说："我们顶社那块长得好，把那块给你们!"支部书记许万二连忙说："不，还是山顶那块好……"话没说完，一旁的生产队队长许水迪插进来说："我们园窗那块长得比那两块都好，上我们那里拔去!"拉起邱程溪就要走。邱程溪感动得不知说什么好，当即给洋西打了个电话，七十来个洋西社员很快就来拔秧了。秧拔好，临走时，许万二又硬把准备自己用的五百把秧苗送给客人。洋西被淹的五百多亩田全部插上了秧。

崇福大队的四百五十亩受淹田中约有二十万方积水。榜山公社党委派了水利人员来勘测，决定在这一片田地的旁边筑一道三百米长的环形防水堤，把积水从另外的孔道排到九龙江里去，并且当即从各大队抽调三百多个社员，扛着锄头，挑着茅草，抬着抽水机，赶来支援。副大队长方亚吹见挑土的社员挤在一条田塍上走，还要绕过一片麦田，心里说："这样走弯路太慢了。"再一看，这麦田正是自己和其他九户社员的自留地，忙把九个社员找到一起，把自己的打算告诉他们，大家异口同声说："对！大队淹田顾大局，我们也要'丢卒保车'，舍小我为集体。"当即一齐动手，跳进麦田，拔出一条路来，然后挑起担子，对挑土的社员大声喊："跟我来！"领头从麦地上踩过去了。这样在泥水中苦战了三天，这片受淹田也抢救出来了。

在玉枕洲，保"卒"的斗争也在紧张地开展着。自从派出四十个打桩手支援堵江以后，党支部当即提出"先保十万亩，两千也不丢"的口号，组织社员们开展艰苦的抗旱斗争。农历三月十五日以后，连着下了两次小雨，从北溪流下来一小部分淡水，正是抢溶田抢插秧的好时机。公社马上把自己的和造纸厂的两台共三十二匹马力的抽水机送去帮助抽水。埭新大队下仓生产队队长蔡和尚把一台抽水机和两部水车送到玉枕后，担心玉枕社员对机器性能不熟悉，又对管理这台抽水机的社员蔡玉得说："你还是到玉枕去走一趟吧，帮助他们看看机器。"蔡玉得虽然跛脚，却不怕行路艰难，连忙赶到玉枕，一连帮忙了十几天。黎明大队本来也想支援几台抽水机，因为玉枕自己还有四台，够了，没有要，但还是送来了两根皮管。这样，七台抽水机一齐开动，抢溶了大片受旱田地。

接着，九个兄弟大队又挑选了三百个犁田手、插秧手和一百头耕牛，渡江赶来玉枕支援溶田插秧。下楼大队有一个名叫蔡文华的社员，听说大队要组织一批人去玉枕支援，就赶到队部来报名。队长劝他说："你年纪大了，又在本队忙了一个多月，这次就让年轻人去吧。"这个倔老头生气地说："我老了，犁田可不会输年轻人。"硬是要去。到玉枕后，他天天赶牛犁田，牛累了，他就让牛休息，自己跑到邻丘去帮助插秧。豆巷大队党支部副书记朱水松带领八十个社员和二十头牛，午夜一点就渡江赶到玉枕，把玉枕大队大队长从床上拉起来，说："你带我们去田头看看吧，天一亮我们就好动手。"一连突击了四天。

虽然耽误了一个多月，旱灾的威胁也还未解除，但是在各大队兄弟般的援助下，玉枕还是插下了一千七百零七亩早稻，只有二百四十七亩实在无法抢救只得放弃了。

"丢卒保车"，"卒"也不丢，同心协力，全盘皆胜！这就是我们这个时代人民团结一致，战胜灾害、战胜困难的强有力的精神武器！

红旗飘扬在南溪、北溪

旱情继续发展着，南溪水位越降越低，2 月底，官浮渠道的闸门完全不能进水了，全靠官浮渠道输水灌溉的浮宫、白水一带近四万亩土地，陷入了酷旱的包围之中。至 5 月，架在水量最大的北溪上的二十五台大口径抽水机的抽水量也越来越少，角美公社靠抽水机灌溉的三万多亩水稻断了水，其中有一万二千多亩稻田裂开了半尺宽、一尺多深的裂沟，好不容易长了两尺来高的稻禾干枯了。

干旱继续向龙海人猖狂进攻。但是，有了首堵西溪经验的龙海人民毫不畏惧，他们乘胜前进，又分头在南溪、北溪上摆下了抗天的战场。于是，由榜山人和玉枕人在西溪堵江中首先举起的共产主义风格的红旗，又在南溪、北溪上空高高飘扬起来了。

位于官浮渠道上游、紧靠南溪的东泗公社西岭大队，堵江时正是秧壮田肥水不缺，社员们说“今年丰收大有希望”的时候。但是，截堵南溪的坝址，又必须定在西岭大队，才能保证不误季节，使江水流到下游。堵江就要承担牺牲，他们毅然承诺下来。党支部书记郭坤山对着兄弟公社的代表朗声笑道：“损失当然会有的，但淹掉我们二三百亩是小利，救活你们三四万亩是大利，小利要服从大利嘛！”

堵江以后没几天，南溪上游下了一场暴雨，水位猛涨，西岭大队两百多亩大田和十几亩秧苗被淹了。雨还在继续下着，这时候，有的人动摇了，嚷嚷着要破堤放水。共产党员何宗谦听到这个风声不由大吃一惊："这不是要人家的命吗？不行！无论如何要把大坝保住！"当即提了锄头冒雨到大坝巡逻，只见溪水急遽上涨，差一尺就要漫顶了。他急急忙忙跑到大队部，冲着党支部书记郭坤山气喘吁吁地喊："不好了，大坝快崩了，赶快抢险呀！"恰好这时县委来了电话，指示他们要想尽一切办法，把大坝保住。郭坤山二话不说，吩咐在场的干部："快，招呼社员，抢险去！"

"抢险啦！抢险啦！"

转业军人何良兴一听到呼喊声，顾不得戴斗笠、穿棕衣，从门后抓起一把锄头，拔腿就朝大坝飞跑，一见大坝缺了口，就奋不顾身地跳入水中，用身体去堵缺口。大队长何木生不顾危险站在溢洪道口接递沙包，被凶猛的洪水一击，立脚不稳，往后倒去，郭坤山伸手想去拉他，不料又一个浪头扑过来，把两人一起卷进了水里。在这紧急关头，党支部副书记何红毛带着一支人马赶到了，六十二岁的贫农何紫谦不听别人劝阻，也跌跌撞撞地紧跟在后面，斗笠被大风刮走了，也顾不得去拣。紧接着碧浦、水浒、松浦、董浦等几个邻近大队的社员也先后赶到，坝上挤满了密密麻麻的人群。一场紧张的护坝战斗一直坚持到傍晚六时许，大坝比原来填高了一米，终于脱险了。

当人们拖着疲倦不堪的身子回来时，西岭大队接到公社打来的电话，浮宫、白水已派三百多名民工赶来护坝。西岭的社员们一听说，又振奋起来，忙着烧开水，点汽灯，腾房子，准备接待民工。

大坝越加高，水位越上升，西岭被淹的面积又扩大了一百多亩，有十几户低洼的房子也漫进了半人高的水。

清早，郭坤山到田里巡水，远远听见一阵哗哗的水声，他仔细一听，感到声音不对头，连忙走过去看，原来是通外溪的过地闸门被谁打开了，渠水正一股劲地往外奔泻。他想找闸板将闸门重新关上，却找不到，赶紧回村了解，一打听是老上中农何昆土打开的，便把何昆土叫来，问："你为什么把闸门打开？"

何昆土梗着脖子说："田淹了，秧烂了，屋里也遭了水灾，连鸡鸭都快淹死了……"

这时，周围已围了一大群社员，听了何昆土的话，不由都来了气，好几个社员当即指责他："你这不是掐人家的脖子吗？浮宫、白水的田没水溶，连人都没水吃，你却只顾自己，干出这样丢人的事！"

"你不想想人家榜山、玉枕的风格，唉，西岭的名声都叫你丢尽了！"

何昆土见自己的行动不得人心，只好憋着气跑到闸门边，把昨夜埋在地里的十一块闸板挖出来，又一块一块将闸门闸上。

在北溪工地，这种舍己为人、顾全大局的共产主义风格也得到了进一步的发扬。北溪堵江，步文公社受不到益，但是他们听说堵江工程浩大，怕工地劳力不足，便自动削减修建内林水库的劳力，组织了一千三百多个社员，连夜步行三十多里，赶来支援。位于北溪下游一个孤岛上的角美公社沙洲大队，和玉枕洲一样，堵江后将严重缺水，但他们决心向英勇的玉枕人学习，大队党支部书记陈水根亲自率领两百个社员赶来参加保大局的战斗。到了工地，陈水根见工程浩大，又连夜赶回洲上，再次组织一百五十个社员，随带十五条土船，赶来支援。堵江以后，挖溢洪道需要占用步文公社长洲大队八亩水稻田，长洲的干部社员们说："只要保证工程顺利安全，需要多少田地，我们就让出多少！"

5月的闽南，艳阳如火，辽阔的沙滩就像一个巨大的火炉，热焰腾腾，炙得人喘不过气，烫得人站不住脚。但龙海人民被争取"千斤县"的理想鼓舞着，被西溪、南溪堵江的胜利鼓舞着，被敢于斗天、敢于迎着困难前进和敢于舍己为大局的共产主义风格鼓舞着，就在这样恶劣的条件下，和大自然展开搏斗，硬是凭着一万多副铁肩膀和一万多双降龙伏虎的手，一锄头，一箩筐，在短短几天内，筑起了一条六百多米长的拦江大坝。

现在，只剩下二十米宽的合龙口了。这是比西溪更为艰巨的工程，坝上坝下水位落差三米多，两百斤的沙包、五百斤的条石抛下去，"呼"一下就被冲出老远。偏偏这时候，天气突

然大变，刮起了大风，风头卷起大浪，一掀一人高。谁来担当打桩的任务呢？

正在人们焦急地相互打听的时候，从上游江中，突然传来了一阵隆隆的马达响，紧接着，一艘小汽艇箭一般穿过风浪，向合龙口疾驶而来。近了，近了，可以看见汽艇上人们草绿色的衣衫了，工地上霎时沸腾起来，人们大声呼喊：

“解放军来了！”

一个身材魁梧的解放军上尉军官向人们挥挥手，“嗖”一下跳上岸来，跑到县委书记刘秉仁和堵江工地总指挥杨松山副县长面前，举手一个军礼：“报告首长！中国人民解放军某部工程兵营营长佘连德，率领四十名官兵和打桩船，前来领受打桩任务！”

刘秉仁紧紧握住佘连德的手，连声说：“啊，真是及时雨！真是及时雨啊！”

战士们顾不得休息，马上搬出打桩机器动作起来，只一天多时间，就完成了一百多根木桩的打桩任务。我们的人民子弟兵不仅用自己的鲜血和生命保卫着祖国，现在又用实际行动参加了龙海人民的抗灾斗争，为祖国的建设事业作出了贡献。

这时，在大坝旁边开挖的溢洪道遇到了风化石，锄头挖下去，“砰”一下跳回来，再挖，锄头干脆卷了口。负责开挖的角美公社石厝大队第二生产队社员整整干了一天，还挖不到三十土方。望着恼人的风化石，有的人泄气了。但是，如果不马上挖通溢洪道，就会影响大坝的安全。怎么办呢？县委书记刘秉仁和副县长杨松山闻讯急急赶到工地，二话不说，抡起锄头就挖。民工们拦住刘秉仁关切地说：“刘书记，你已经三天两夜没合眼了，昨天又中过暑，还是让我们来吧！”刘秉仁说：“没关系，挖通溢洪道要紧。”社员们见县委领导同志这样，干劲大增，十四个干部和十八个共青团员当场组成青年突击队，又向风化石展开了顽强的进攻。

一切困难都迎刃而解，现在就剩下最后一关——合龙了。

6 月 3 日，太阳刚刚放射出第一道光芒，一千多个民工早守候在合龙口两边，龙溪地委副书记蔡良承、董有伦等负责同志也都赶到了现

北溪堵江正在合龙

场。八点正，江水平潮，刘秉仁大喊一声：“合龙！”立刻，成千上万个沙包向合龙口倾泻下去。看看只剩下八米宽了，水势更加凶猛，还没露出水面的沙包垒起的坝身挡不住急流的冲击，眼看要被冲垮了。这时，角美公社党委副书记郑老高、林旺根和玉江大队党支部书记林大雨、美山大队党支部书记黄世卿几乎同时大声喊道：“青年突击队员们，跟我来！”带头跳进了汹涛咆哮的合龙口。紧接着，人群中震天般一声“冲啊！”一百多个小伙子紧跟着跳了下去，大家手挽着手，肩靠着肩，用身体在合龙口筑起了一堵铁壁铜墙。浪涛劈头盖脸扑来，把他们打得眼冒金星，他们仍咬牙坚持着毫不动摇，直到身后的堤坝高出水面，牢固了，才爬上岸来。

至此，龙海境内九龙江的三条主要支流，全部被英勇的龙海人民降服了，龙海人民的抗天斗争取得了决定性的胜利。九龙江上扬起了胜利的凯歌！

南溪倒港渡槽

北溪中港渡槽

紧接着，县委又根据原定的计划，在南溪、北溪下游分别建起一百九十三米和三百多米长的两座渡槽，一些引不到水的大队也获救了。

牵着九龙上山岗

九龙江沿岸龙海平原上的大片旱地得救了。九龙江水流不到的靠山地区和丘陵地带又怎样呢？如果说，九龙江上的擒龙之战是惊心动魄的，那么这些地区的抗旱斗争则更艰苦。因为这些地方的唯一水源是山泉、水库和山塘，现在这一切都枯竭了，许多地方连人吃的水都十分紧张。面对严重的干旱，他们怎么办呢？现在我们就来讲一个“牵着九龙上山岗”的故事。这只是千百个动人故事中的一个。

步文公社梧桥大队所处的位置山岗连绵、丘陵起伏，像一个隆起的鼻子，兀立在龙海平原上。九龙江的西溪从它的面前流过，北溪又从它的背后流过，可是这里有史以来不曾吃到过九龙江的水。一千六百多亩水田有一千三百亩是“望天田”。现在经过连续大旱，两百多个池塘干涸了，二十一个中小型水库除两个还有浅水外，其他全部见底，用社员们的话说是“池塘可走路，水库变晒埕”。眼看就要耽误插秧季节了，社员们心里急得像火烧一样。有一天，老社员郑水拱跑来向党支部献策。他说：“我们不能望着尿桶叫尿憋死。这一回我们下个决心，把西溪、北溪的水引上山来，行不行？”党支部和公社派来的工作组认为除此之外也没有别的好主意了，当即进行勘察，作出了搬水上山的决定。

可这是一个多么艰巨的工程啊！从水头的梧店朝阳沟到水尾的梧桥石埠后垅田，水弯弯曲曲地要流过八个自然村、十八个生产队和二十多个小山坡，总长达十二公里，需要沿山脚到水头开四条渠道和三十多条渠网，把西溪和北溪的水汇集在一起，然后再用抽水机和水车连接成“龙门阵”，将水搬上山岗。任务虽然如此艰巨，但是社员们说：“只要有水，哪怕是下龙潭，入虎穴，也要把水挖出来！”全大队二十个生产队，在一夜之间就动员和组织了七百五十多个强壮劳力，第二天大清早就上阵了。

党支部书记陈松俊、副大队长郑水明带了三百多个社员来到朝阳沟开挖通向梧桥石埠的渠道。这条渠道所经过的地方，山坡陡，石块多，开挖不到一半就在后庵庙的山坡上碰到块石，有碗口大的，有脸盆大的，一锄头下去火星四射。许多人虎口震裂，许多人皮破血流，但是他们绝不停手。

团支部书记陈德明和社员们在另一条渠道

工地上一口气干了三天三夜，眼睛熬红了，浑身酸疼，有时一动，眼前就直冒金星。社员们劝他去休息，他说："抗旱要紧，误了季节补不上，我休息以后还可以补。"陈林村前地势高，渠道深度不够，水通不过，陈德明马上带着一支青年突击队，跳进两丈多深的沟底突击清挖渠道，整整干了一天一夜，天还没亮就把渠道的高坡挖平了。

梧桥大队的七百五十多个社员，就这样在党支部领导下顽强地苦战了一个多月，终于开通全部渠道，把九龙江水引到了山岗底下。

接下来就要把水搬上山去了，民兵队长、复员军人陈天来挺身而出，带领陈海亮、陈连根、陈宗等十来个民兵领下了安装抽水机的任务。他们跳入水深齐胸的渠道里，潜到水底，不怕劳累，一口气安装了十台。为了把抽水机看管好，陈天来还把铺盖搬上山岗，整整一个月都睡在抽水机旁。

但是，要把江水引到山岗背后溶田，还要再经过十几个小山坡，光靠抽水机还不行，于是社员们又顺着山势架起五十八部水车，排成十五层，一层又一层地车水上山。全大队出动了三百五十多人轮班车水，日夜不停。副大队长郑水明到梧桥村去，同社员一起连续轮流车水十四昼夜，腿肿了，手红了，眼圈黑了，仍然坚持着。六十四岁老社员陈助，原本在果农队当炊事员，队里没有安排他车水，可是他也跑来了，队长对他说："你年纪大了，还是搞后勤吧。"他说："抗旱斗争人人有责，我老头子不能开沟挖渠，车水还不输你们年轻人。"回乡参加劳动才一年多的初中毕业生郑水根，车水技术不熟练，踏不上半天，脚底便红肿起来，但是他一声不响，坚持不下水车。党支部书记陈松俊发现了，硬把他从水车上拉下来。可是陈松俊一走，他又爬上水车踏起来了。

正是这种忘我奋斗的精神，使他们克服了重重困难，终于有史以来第一次把九龙江水搬上了山岗，战胜了严重的干旱。

类似梧桥大队这样可歌可泣的英雄事迹，在整个龙海何止千百件！在沿海丘陵地带的港尾公社流会大队，他们没有抽水机，也不能用水车，整个抗旱斗争就是用一副铁肩膀挑水。

事后，他们计算了一下，全队一百八十个男女劳力，挑水抗旱往返所跑的路程总和，相当于从港尾到我们伟大祖国的首都北京！

伟大的奇迹

紧张、艰苦、持久的斗争终于取得了丰硕的成果。熬过了连续八个多月的大旱，九龙江下游两岸几十万亩早稻弯弓成熟了。这时你站到山上去看一看吧，方圆几十公里的平原成了一片金黄的海洋。社员们整天笑嘻嘻的，忙着磨镰搓绳，准备迎接从“龙口”夺来的丰收。谁料，6 月 12 日，全县突然降下了一场暴雨，一连下了五天，总雨量达三百七十毫米，九龙江水位剧涨，西溪、北溪的水位都超过警戒线一米半到两米半，第三号台风又在这时影响龙海。在涝、洪、台风三灾齐袭下，全县三十多万亩成熟早稻，有一半被淹，其中八万多亩地势低又熟透了的稻子开始在田中发芽、发霉，晚稻秧苗也淹了八千多亩，冲掉种子十五万多斤……

这真是一场意料不到的灾难！但是经过两

百多天抗旱斗争严峻考验的龙海人民，已经懂得怎样面对困难了，他们发扬抗旱斗争顾全大局、互相支援的共产主义风格，只一个星期就把十万亩受淹的早稻抢收回来，整个夏收只半个月就结束了。

龙海人胜利了！这是一个多么伟大的胜利啊！在人类漫长的历史上，人们一直是听天由命的，吃的一直是“顺天饭”，老天开恩，给个风调雨顺，就多收点粮食，否则，无边的灾难就会降临到头上。请看龙海旧县志《灾祥篇》中的记载：“（宋）开禧三年，夏旱之交，六阳为沴，赤地千里。”“（明）万历三十四年，三月不雨至六月，人凋米贵。”“（清）雍正四年大旱，菜茹尽枯，民食海柯叶。”“（清）乾隆七年，正月不雨至四月中乃雨，首种不入，斗米值钱二百余文。”你看，哪一次自然灾害不是跟悲惨的景象联系在一起！而实际上，人们在那些年月中所遭受的灾难和痛苦，不知要比这些简单的记载更甚多少倍。1946 年春旱只六十天，现在东园公社港边村全村三百亩粮田便全部绝收，两百户的村庄，就有十六户沦为乞丐，有三十二户卖儿鬻女，有十四户外出逃荒，还活活饿死三人。贫农许甲乙一家四口，父饿死，母求乞，妻改嫁，自己逃到厦门打短工。东头大队有一个山尾桥村，全村二十八户中，除两户中农外，其余全部沦为乞丐，这个村子因此被人们叫做“乞丐营”。更不消说那些骑在人民头上的反动统治阶级和投机商人的趁火打劫，百般盘剥，以及盗贼的抢掠等给人民带来的灾难了。

查阅《漳州府志》，从有记载的唐贞观六年（632 年）起到 1962 年，大旱频仍，旱期最长的两次，一次是宋隆兴二年（1164 年），另一次是清乾隆十二年（1747 年），旱期也不过七个月。而这一次，从 1962 年 10 月 3 日到 1963 年 6 月 13 日，整整旱了二百五十三天，八个多月，千年未见！而结果呢？全县二十八万四千六百七十四亩早稻，除一万三千一百零八亩绝收外，总产达一亿三千零五万斤，完成了计划指标的百分之九十一，比丰收的 1962 年早季只减产一成，相当于新中国成立十三年来的正常年景，有一百一十九个大队（占大队总数的百分之四

十一点五）或者超过了历史最高水平，或者保持了 1962 年早季丰收的水平。粮食丰收的同时，其他经济作物如花生、甘蔗以及渔、副、牧业生产也取得了一定的发展，而且城乡繁荣，物价平稳，处处欣欣向荣。

还有比这更宝贵的丰收，那就是精神上的丰收。这是无法用数字计算的：榜山、玉枕、西岭、沙洲、长洲等公社、大队社员所表现的敢于斗天、勇于舍己为人、顾全大局的共产主义风格，不仅在堵江抗旱中变成了巨大的力量，而且在全县形成了一种社会风气。龙海人说："1963 年这样大的自然灾害都被我们战胜了，以后还有什么困难能难住我们！"可以想见，在未来的社会主义建设中，这种共产主义风格将越来越放射出它灿烂的光辉！

后记：这里记录的只是龙海人民 1963 年上半年抗天斗争的事迹。下半年怎么样？"水稻亩产千斤县"实现了没有？我们高兴地告诉大家：一切都非常令人满意。下半年，龙海人民在县委提出的"早季损失晚季补"和"学山后、赶山后"的战斗口号鼓舞下，进一步开展了“比、学、赶、帮”运动，再一次战胜了水、旱、虫、冻等自然灾害，取得了大丰收，全年水稻平均亩产一千零八十斤，实现了“千斤县”的愿望。胜利属于英勇顽强、不屈不挠的龙海人民！

1964年1月初稿于龙海石码，
1964年6月定稿于福州

丰收了

玉枕人

——1963 年纪事

为有牺牲多壮志，
敢教日月换新天。
——毛泽东《七律·到韶山》

一、“我赞成堵江！”

1963 年，闽南大旱。

从 1962 年 10 月 3 日到 1963 年 2 月初，已经整整四个月没下一场透雨，池塘干涸了，江河断流了，田土开裂了，野草枯萎了，连空气都似乎被抽干了水分。眼看着播种插秧的季节步步逼近，人们的心里急得像滚油煎。

2 月初，漳州平原，龙海县党代会在海澄镇揭幕。这个水稻高产区、福建著名的“谷仓”，正被百年未遇的酷旱的阴影笼罩着。这次党代会一个重要的议题便是：1963年，龙海县要不要争取实现“水稻亩产千斤县”？

早在1956年全国评选首批粮食“亩产千斤县”时，当时还没有合并的龙溪县和海澄县就榜上有名，但从1958年起，产量却年年下降。1960年2月两县合并成立龙海县，到1961年，全县平均亩产竟降到了八百零九斤。三年困难时期，生活在这个全省著名“谷仓”的人民公社社员，也和其他地方的人一样，经历了空前的大饥荒的煎熬，那艰难的生存状况，用当地人们事后的形容，几乎到了“男人断精，女人绝经”的地步。1962年，经济开始复苏。从中央到地方，从领导到群众，都盼望着昔日的先进生产县能在这时候振翮高飞，为其他地区作出榜样。中央党政高级领导也纷纷到龙海视察，表达对龙海人民的殷切期望。就是在这样的形势下，龙海县党政领导反复酝酿，决定要在1963年再夺“水稻亩产千斤县”。但谁也没想到，县里刚刚下了这个决心，天公便收起了笑脸，好像有意要考验一下龙海人的意志和决心一样。这次党代会就是要讨论龙海人如何回答老天的挑战。

现在，莲花公社小组的代表们正在热烈地讨论着。

莲花公社就坐落在海澄镇上。县委不在县城石码而搬到离石码几十公里的海澄镇开党代会，不仅因为海澄镇是原海澄县的县治所在地，更因为莲花公社还是全县、全省甚至全国粮食生产的一面红旗。该公社的黎明大队曾多年夺得全省高产红旗，1959 年，大队党支部书记黄海澄还在全省水稻现场会上作过七千亩丰产田的经验介绍，而另一个大队——山后大队，则是 1962 年全省水稻高产冠军。

然而，这时的黄海澄却心情沉重、面带难色，他轻轻地叹口气说："唉，老天可真会作弄人，满心想好好干他一场，可它偏偏给你小鞋穿！眼看着时序不等人，谷子等着水浸种，土地等着水溶田，就是没有水！这样下去，这千斤县……"他偷偷地向什么人瞥了一眼，犹犹豫豫地说："我们是不是向大会建个议，堵他一次九龙江?"

“堵江？”山后大队党支部书记杨金海眼睛一亮，兴奋地说，“好主意！我赞成！”

“我们也赞成！”

“赞成！赞成！”参加会议的支部书记们也纷纷响应。

“我反对！”一个沉雷般的声音从会场角落里响起。大家急忙掉头看时，只见一个满脸络腮胡子的中年汉子绷着脸，大口地抽着自卷的纸烟，白色的烟雾在他的脸前和头顶缭绕。

像是给沸滚的锅里倒了一瓢冷水，会场顿时寂静如死。好久，终于有人打破沉默，带着央求的口气说：“胡头，行行好吧！再拖下去，我们今年的早季真的就全完啦！”

“那我们的呢？”被称作“胡头”的汉子将湿漉漉的烟蒂摔在地上，用鞋底蹍了一下，“江一堵，你们有水了，可我们的呢？我们那两千多亩早稻田拿眼泪去浸种、去溶田？”

会场又陷入了沉寂，有的人想说不敢说，有的话到舌尖又咽了回去，有的怔怔地望着胡头，有的埋头抽烟。

公社党委书记周顺明望着那个铁青着脸的

大胡子，好久好久，见还没有人说话，便声调平和地说："胡头，你再想想，是堵好呢，还是不堵好？"

胡头不声响了，埋下头又卷起纸烟来。细心的人会发现这个粗壮汉子铁棍似的手指在微微颤抖。

原来，这个汉子叫黄狗屎，今年四十四岁，因为长了一脸又粗又黄像甘蔗头一样的大胡子，人们就给他起了一个雅号：胡头。现在，他是莲花公社玉枕大队的党支部书记。玉枕大队就在九龙江入海口的玉枕洲，这个面积不到十六平方公里的小岛，三面环海，一面临江，全洲的吃喝用水和农田灌溉都靠九龙江流下来的水，九龙江一堵，淡水源就断了，这给玉枕洲带来的灾难几乎是毁灭性的。这个道理，黄海澄、杨金海心里也是清楚的，这就是黄海澄提出堵江建议时要偷偷察看一下黄狗屎的脸色的原因，也是黄狗屎吼出一声"我反对"后谁也不说话的原因，因为大家都明白，用牺牲别人的利益来换取自己的丰收，毕竟不是件理直气壮的事情。

会议冷场，大家都把目光投向周顺明，希望他来表个态。周顺明心想勉强表态也不好，还是先做做黄狗屎的工作吧，便宣布暂时休会。

周顺明把黄狗屎拉到一个僻静处，递给他一根卷烟，说："胡头，你再想想……"

黄狗屎一屁股蹲在地上，为难地说："周书记，不行啊！江一堵，我洲上两千多张嘴、两千多亩田怎么办？弄得不好，早季就得绝收啊！"

周顺明也在黄狗屎身边蹲下来，说："是啊，这个难处大家都知道。可你想过没有，如果天再不下雨，又不堵江，不但我们莲花的几万亩水田，还有石码、东园、东泗、榜山四个公社的，加起来总共十万亩水田都播不了种，溶不了田，你说这个损失不比玉枕一个大队的损失更大吗？"

黄狗屎心头一震，瞟了周顺明一眼，随即又低下头大口抽起烟来。

要说这个黄狗屎，其实并不是只管自己不顾别人的小气鬼。他有一句口头禅"莫衰小"，恰好反映了他的性格。这句话是闽南话，要准确翻译成白话很难，大意跟“不当孬种”“不输人家”差不多，是大方、有骨气、不甘落后的意思。他有一般海岛渔民豪爽、耿直、憨厚的特点，有时候带上钱去圩市买米，碰上哪个朋友有困难，他会把兜里的钞票都掏给朋友，宁可自己家里揭不开锅。有一年，一天傍晚，他家正吃饭，一个衣衫褴褛、背一个小孩拉一个小孩的乞丐婆来向他求乞，他把碗一搁，说：“来，都进来，坐下一起吃！”那女人见他们自己吃的也是稀稀拉拉的米汤，碗里数得出有几颗饭粒，不忍心坐下，他却嚷道：“吃吧吃吧，客气什么，人少多吃，人多，大家少吃一点不就得了？”吃罢饭，女人想回去，却误了渡船，他又说：“今晚就在我家住下吧，大家挤着点就行了。”又比如，新中国成立初期他当玉枕乡乡长那会儿，每个月可以领到六十斤米的津贴，他很少拿回家去，总是米一领到就分给那些家里有困难的干部、群众。有人问他为什么那么大方，他回答说：“有福大家享，有难大家当嘛，什么你的我的，我胡头可从来莫衰小！”

然而，这个从来“莫衰小”的汉子面对眼

前的堵江难题，却真的为难了。这几年玉枕连年遭灾，比起别的大队来，生活水平提高得不多，他总觉得自己有负于乡亲。去年冬天，他和大队干部们商量，决心要在今年大干一场，发动社员们大搞积肥备耕，并且已给每亩大田挑河泥七百到一千担。如果在这节骨眼上堵江，这一冬的努力不就白费了吗？要是再来一个旱季绝收，他将何以面对全洲父老？

周顺明猜到了黄狗屎的心思，于是又耐心开导说："是的，这几年玉枕连年遭灾，经济情况不大好，作为大队支部书记，你有难处。但只要你想一想这些年玉枕是怎么走过来的，特别是那年'八二三'，兄弟社队是怎么支援玉枕的，我想你就会懂得现在该怎么做了。"

对于从旧社会苦难生活中跌打滚爬过来的人，回忆对比是一帖百试不爽的灵丹妙药。尤其是一提到"八二三"，黄狗屎竟觉得脸上发起烧来，一种羞愧感偷偷袭上心头，好久好久说不出话来。

周顺明太了解黄狗屎了，别看他人长得粗，脾气火暴，跟谁说话都像对着几百人做报告一样大喊大叫，其实他的心里挺亮堂的，许多事情无须多说，常常一点就通；尤其看重情义，只要把道理说直了，用玉枕群众的话说，让他把头割给你他都不会眨眼。周顺明其实早料到黄狗屎会说些什么，但这话必得从他嘴里说出来才算数，所以还是耐心地等待着。

终于，黄狗屎狠狠地将最后一口烟吸完，将湿漉漉的烟蒂扔在地上，站起身来，又用鞋底将烟蒂踾灭，有点难为情地笑笑，说："好，书记，我想通了，我赞成堵江!"

周顺明一把抓住黄狗屎的手，笑道："好啊，胡头，我就知道你会想通的！走，我们继续开会!"

二、"先保十万，再保两千"

在党代会上提出堵江建议的，不仅有莲花公社，还有石码、东园、东泗等公社。党代会接受了这个建议。

开完会，黄狗屎连夜赶回玉枕洲，叫过大队部的小通讯员，吩咐他赶快去通知党支委，

明天一早到大队部开会。

这天晚上，黄狗屎几乎一夜没合眼，脑子里一直盘算着明天如何做支委们的工作。第二天一早起来，匆匆吃了一点早饭，他第一个来到大队部。

支委们也陆续赶到，一进门第一句话几乎都是："胡头，有什么好消息？"黄狗屎只是笑笑，说："有啊，等人到齐了再说吧。"

九个支委很快到齐了，黄狗屎让大家坐定，从鼓囊囊的上衣口袋里掏出从不离身的小记录本搁在桌上，然后清清喉咙，开始扼要地传达党代会的精神，最后说："还有一个重要决定。"

大家精神一振，问："什么决定？"

黄狗屎扫了大家一眼，一字一顿地说："要堵九龙江了！"

"什么？堵九龙江？"全体支委立时睁大了眼睛。

副大队长蔡臭头以为是胡头开玩笑，笑嘻嘻地问："这么大的江，怎么堵？"

"怎么堵你不懂？"黄狗屎笑嘻嘻地问，"把九龙江拦腰切断呗！"

把九龙江拦腰切断！说得倒轻松。九龙江是闽南第一大江，也是玉枕洲唯一的淡水源，可以说是玉枕的生命线。只要九龙江里有水，玉枕洲就有水。为什么几个月来大陆上的公社大队都被酷旱逼得火烧眉毛，玉枕人却照样天天挑海泥积肥，准备着大干一个春季，先夺一个早季大丰收，就因为玉枕洲从来怕的是水灾，而不是干旱。

大队长徐进德问："你同意了？"

黄狗屎说："同意了。"

这一下，小小的大队部立刻像炸开了的锅。徐进德第一个急得站起来，大声说："好你个胡头，你可真大空（大方），这样的事你也能同意？"紧接着，就没了秩序，有的说："江一堵，我们拿什么播种溶田？拿什么吃？拿什么喝？"有的说："要是我们早季插不上秧，玉枕两千多人都到你家吃饭去，看你胡头招待不招待得起！"一向沉着稳健的党支部副书记邱井泉也忍不住说："堵江可以，但得先说三条。第一条，今年征购减多少？第二条，口粮给多少？第三条，以后社员生活怎么解决？我是管财贸的，

往后国家粮站、社员群众都要向我要粮食、要钞票，没收成，我拿什么给他们?”而一向性子急躁的年轻的副大队长蔡臭头，甚至急得跳起来指着黄狗屎的鼻子说：“胡头呀胡头！你就不输岳飞，自己上绞台!”

这里得插叙一下：本文中所写的“黄狗屎”呀，“蔡臭头”呀，还有后面的“许贪吃”呀，等等，可不是笔者瞎编的，的的确确是真名实姓。闽南乡村有个习俗，许多家庭添了小孩子，都喜欢取个在外地人看来很难听的名字，除了“狗屎”“臭头”“贪吃”，还有“耳垢”呀，“面线”呀,“饭桶”呀,“歪屁”呀，等等，认为名字越难听，越容易养大成人，寿命越长。所以许多人一辈子都叫这样的名字，谁也不会觉得不好听，更不会想到是对别人的不尊重。

现在再回到正文。面对支委们的怨骂喊叫，黄狗屎稳坐钓鱼台，只顾掏出一个装烟丝和烟纸的小布袋，打开摊在桌上，一支一支自卷自抽他的纸烟，还时不时地轻轻一笑。他对伙伴们的性格太了解了，像这样吵吵闹闹的场面他见得多了，祖祖辈辈与大海打交道的海岛人就是这样，心里想什么就说什么，不通就是不通，不会像城里人那样拐弯抹角，但一旦通了，你就用八头牛也拉不回头了。

“我早料到会有这一着的，”他在心里说，“你们叫吧！嚷吧！把肚子里的话都倒出来吧！倒完了就轻松了。”

一直吵到了十二点。黄狗屎站起来说：“该吃午饭了，大家回家吃饭去吧，吃完了再来，接着开。”

下午再开会的时候，黄狗屎第一个发言，他说：“我看大家也讲得差不多了，现在该轮到我说了。我这个人从来莫衰小，可不瞒大家说，这次党代会上我可是衰小了一回。你们上午说的许多话我在党代会上都说了，有的没有说，心里也是这么想的。都是玉枕人，不都是为了玉枕两千多乡亲过上好日子嘛！就为这，我让人家做了好一通思想工作！事后我真后悔，我让玉枕人丢脸了。”

没有人说话，有的只用眼睛盯了他一眼，那眼神仿佛在说：“还后悔呢，要后悔的还在后头哩！”有的则没好气地从鼻孔里哼一声，在肚

子里说："你是充英雄哩，还丢脸？"

黄狗屎接着说："大家一定在猜，那么我后来是怎么想通的呢？本来嘛，县里决定堵江，我一个胡头思想通不通能顶个屁！我不通人家就不堵江了？人家征求我的意见，做我的思想工作，那是发扬民主，是看得起我们玉枕人。不过后来，我倒是真的想通了。道理也很简单，我只想了三件事。第一，不堵江，我们玉枕是可以有收成，但光我们玉枕好，其他许多兄弟社队没收成行不行？第二，要是我们不住在玉枕，而住在海澄或别的地方，我们想不想堵江？第三，当年'八二三'，人家是怎么支援我们的？他们为了什么？"

又是"八二三"！这个"八二三"究竟是个什么日子呢？

原来那是 1959 年 8 月 23 日，农历七月二十，正好是涨大潮的日子。这天晚上，突然刮起大风，风力不断加强，到半夜两点成了十二级以上的强台风，挟着暴雨和猛涨的大潮，一下子把玉枕洲十五公里长的围洲海堤冲得无影无踪，一马平川的玉枕洲霎时间成了一片汪洋，几丈高的海浪翻滚咆哮，拔起了大树，冲倒了房屋，卷走了猪羊鸡鸭和家具，一直到四点多才开始退潮，五点左右退尽。三个钟头的台风大潮，让玉枕洲陷入了空前的大灾难。据事后统计，全洲七百二十幢房屋被淹或被破坏的有四百四十七幢，其中一百三十四幢成了平地，一百三十五只木船毁损了七十五只，四百五十头猪淹死或冲走了一百六十五头，鸡鸭损失了两千九百三十只，一百八十四亩水田遭破坏，粮食损失了十七万三千一百九十七斤，种子损失了四万四千一百八十八斤，有五十五户没有房子住。正在玉枕人呼天抢地陷入绝望之中时，第二天一早，县机关马上组织了一百多人赶来支援；第三天，人民解放军济南二团团长亲自带了四十个战士赶来；第四天，漳浦三千多人、云霄两千多人、海澄两千多人，由一位县领导带领，自带工具和粮食，纷纷赶到玉枕。后来，济南二团又增派了四百多个战士赶来支援。八千多人，连夜开始了修复海堤的战斗。与此同时，人民政府救灾款和生产用肥、兄弟社队群众支援的衣服鞋袜和桌椅板凳碗筷等也成批地

送来了。据事后统计，政府救济盖房款三万五千元、布票二万尺、生活救济款一万五千六百二十元、晚季生产肥料三万斤、大米四万斤，减免公粮四千五百元，还有其他零星东西。各兄弟社队也支援衣服一千五百件，锅碗瓢盆等一千件左右，杉木一千五百零八株，铧一千多支，汽灯二百零八只，麻袋、草袋一万多条，小件东西不计其数。反正是要人有人，要物有物。只用了不到半个月时间，一条十五公里长、二点五米高、堤面三米多宽的围洲大堤又屹立在海岛四周，比原来的海堤还高还厚，恰好挡住了第二次大潮。

在那半个月里，兄弟社队社员和解放军官兵帮助玉枕人救灾的奋不顾身的事迹，时时刻刻都在感动着玉枕人。开头几天，因为玉枕洲上的房子都被潮水冲刷过，屋里屋外都是泥泞，没法接待客人，八千多民工和解放军官兵晚上没处睡觉，就在修堤工地的烂泥地上坐下来，背靠背打会儿盹，衣服让雨淋湿了又吹干，吹干了又淋湿。有个漳浦民工一只脚板不小心被割了一道又深又长的口子，都快见到骨头了，他也不管，不能站着干活，便跪着干。大家劝他休息，他说，早一天把堤修成，好早一天让玉枕兄弟过上安稳日子。就这样没日没夜地干了十几个昼夜，堤修成了。临走的时候，黎明大队的妇女见洲上的许多路叫洪水冲毁了，又主动帮助修了一段从张厝围到大队部的大路，说是给玉枕兄弟留个纪念！为了让玉枕人世世代代记住兄弟社队和解放军支援救灾的恩情，事后大队在围洲大堤上专门立了三块石碑，上面分别刻着“云霄海澄协作堤”“漳浦海澄友谊堤”“济南二团英雄堤”。

从此，“八二三”成了玉枕人最刻骨铭心的记忆。倘遇到国家和玉枕在利益上发生矛盾的时候，只要一提“八二三”，玉枕人很快就想通了。

现在，黄狗屎重提“八二三”，当然就是为了达到这个效果，但他没有到此为止，他又说：“再说了，人家那边是十万亩，我们这里呢，两千多亩！十万亩只要一亩增产十斤，就比我们两千多亩全部丰收还多；而我们这两千多亩呢，即使丰收了，也不够人家十万亩做种子啊！”

许多人都承认帮助别人是美德，其实懂得感恩也是美德。有许多时候，正是因为感恩，才会想到去帮助别人。玉枕人最看重的是情义，也是最懂得感恩的人，他们历来信奉“滴水之恩，涌泉相报”，何况是救命之恩呢！

黄狗屎一席话仿佛一帖清凉剂，把支委们发热的头脑一下子浇清凉了。事情就那么怪，许多事不怕想，就怕想不到，一旦想到了，很快便迎刃而解了。

心情一轻松，会议的气氛就变了，话也好听了。

第一个发言的是支委、张厝围生产队长王顺厘，他说：“想想新中国成立后党和政府怎样支援我们，想想‘八二三’兄弟社队怎样支援我们，我们今天反对堵江，岂不成了吃茄不念蒂——忘恩负义了吗？”

一讲到“八二三”，邱井泉首先想到的是另一次三十五年前的大潮。那一次，玉枕洲的海堤被冲垮了三十多处，海水淹没了整个玉枕洲，他和祖母、母亲、弟弟刚刚冲出家门，海水就淹到了他的脖子。一个浪头把祖母吞没了，又一个浪头把母亲和小弟也卷走了，他赶快爬到旁边一棵树上，才侥幸留下一条命。那一年，玉枕洲单是逃到厦门鼓浪屿一带扫厕所、挑煤灰、清水沟、抬货物、当杂工的就有两百七十多人，玉枕洲一直过了三年才恢复过来一点元气。但他没有重提这件伤心的往事，却说："顺厘说得对呀，'八二三'那年洪水刚刚退去，政府的救济就送到我手上，我家五口人，分到了十二件衣服、两双鞋、五十元钱家具费、三十元钱生活费，还有两百元钱盖房子。想起这些，今年再苦也算不了什么。我赞成堵江了！"

徐进德这时想到的却是另一件事情：新中国成立前，父亲靠替人家运草灰赚点脚钱，养活一家五口，不承想竟被土匪打死在江上，连家里唯一的小船也被抢去了；地主保长高文早就看中了他家两丘好田，父亲一死，没了当家的，高文当即伪造了一张田契告到区里，把田抢走了，逼得当时还只有十一岁的徐进德只好给人家去放牛。想到这里，他难为情地笑笑，说："不挖这些根，我就是想到死也想不通；一挖这些根，我是通，通，一百个通！胡头说得

对，他们是大局，我们是小局，只要有大局在，我们小困难怕什么，我们不能过了桥就扔拐杖！”

蔡臭头年纪轻，没有亲历过邱井泉、徐进德那样的苦难，但也经历了玉枕洲在新中国成立前后的变化，尤其是“八二三”。这时，他也为上午指责黄狗屎的那些话感到羞愧了，站起来拍着胸脯说：“只要理气说直了，便是无收无吃都没关系！”

回忆对比对上了年纪的人来说，有时真的是一副良药。黄狗屎见大家说得差不多了，便接上说：“我们玉枕人凡事讲个理，从来莫衰小！想 1960 年‘六九’大水灾，臭头你可以立刻带领一百二十个社员赶去支援榜山公社修五十多天防风堤，修完了，听说步文公社翁建大队正堵缺口，你又自动带领全班人马赶去支援十多天，还不收人家一分钱。那一年地新大队垮了堤岸，我们可以马上出动一百多人、一百艘船，自带伙食赶去支援。山后、豆巷、黎明、罗坑等大队忙不过来，我们可以去支援他们插秧。那时候我们能这样做，为什么现在不能？

我们不能让人家指着我们的脊梁骨说笑话，更不能眼看着国家受损失啊！”

四点多钟，九个支委一致通过赞成堵江，并决定提出“先保十万，再保两千，有大局在，就有玉枕在”的口号，来动员大家全力投入抗灾斗争。黄狗屎站起来拍拍身上的烟灰，轻松地说：“好了，大家先回家吃晚饭，晚饭后继续开会，讨论如何开展生产自救，尽量减少堵江带来的损失！”

三、“去二十太少，去四十！”

按照当晚支委会的决定，第二天召开生产队干部和党团员会议，第三天晚上再分别召开生产队社员大会，进行支援堵江和开展抗灾斗争的思想动员。

对于发动干部和社员，黄狗屎同样充满信心。据说，玉枕人的祖先全是从外地逃荒来的，长期的苦难生涯和海岛生活，把他们的命运紧紧连在一起，培育了他们你帮我、我帮你、团结互助、不畏强暴的刚强性格。一九四九年前

有一年，黄狗屎卖给地主的田边的海堤被潮水冲垮了七丈长一个口子，地主要他赔偿损失，还限期要他把堤修起来（玉枕的地主是买田不买堤的），他只有一个劳力，哪里修得起？周围的穷兄弟把锄头扁担一扛，说："走，我们帮你！"把村里准备演戏的戏台拆倒，一人抱上一块木板，不几天就把堤修复了。新中国成立前一年，国民党兵开船过江来抓壮丁，玉枕人一吆喝，大家提上土枪大刀，举起锄头铁爪，齐集到海堤边一场好打，吓得国民党兵长久不敢过河来……

玉枕人的仗义和团结可以说是源远流长的传统精神。

果然，干部和党团员会开得意想不到的顺利，虽然一开始也有些人想不通，比如围仔一队队长说："这一冬天，我们已给每亩田挑了七百担海肥，真是指头都磨成针了，难道能眼看这一季白白丢掉？"还有的人则说："别的什么都可以支援互让，难道肚子也能支援互让？"但这些意见很快就遭到大多数人的反对，十六石队队长王厘说："说句老实话，堵江对玉枕是不利，但人生在世应该讲情义，不能人家支援我们再多也拿来吃，要我们支援人家就嘴乌脸土（闽南话，不高兴的意思）。叫我说，我们玉枕和十万亩的关系，就像一粒谷和一袋谷，拿掉玉枕这一粒谷，一袋谷还是满满一袋谷；要是把一袋谷推倒了，看你一粒谷还能不能装满一麻袋！十万亩丰收就是玉枕丰收，大部分人生活好过，玉枕也坏不了，人家不会把我们丢在一边不管的。”

要堵江的消息很快传遍了整个玉枕洲，还没有等到生产队开社员会传达，田野上、村巷里、屋门口，到处是三三两两的人群，人们小声商量着，大声争论着，你讲你的意见，我说我的看法，有埋怨，有反对，有犹豫，有拥护，每个人的心情都显得十分激动。到了第三天晚上，大队支委们分头到各生产队参加社员会的时候，事情已变得非常简单了。支委们原本是想帮助生产队长们一起做社员的思想工作，事先还准备了一大套说服社员支持堵江的道理，但谁也没想到，他们的讲话才开了个头，就被社员们打断了。社员们说，别说那么多了，道

理我们都明白了，舍两千，保十万，值，你就说我们自己怎么干吧！

这就是玉枕人的性格！你问他们是怎么想通的，其实也很简单，八十岁的贫农徐石和十六石队队长王厘的话也许可以代表大部分玉枕人的心里话。徐石白天在村巷里听社员们争论，晚上他特地跑去会场当着全队社员的面说："你们年纪轻，有些事情不懂，我活了三个朝代，好事坏事看了多少，从来没见过共产党这样的好领导。"他从玉枕洲如何从一个荒凉的土洲逐渐发展到现在十八个姓、二十八个围，又从昔日普遍流传的民谣"玉枕洲，玉枕洲，十种九无收，堤崩性命休，有女不嫁玉枕洲"，说到新中国成立后生活的变化，说到同样是台风大潮，新中国成立前和"八二三"的天壤之别，最后他说："叫我说一句：没有共产党就没有玉枕洲！共产党的恩情，玉枕人永生永世报不完！听共产党的话没错！"

如果说，徐石老人的这番话还仅仅停留在报恩这个层面，还只是一种比较朴素的道德观念，那么像王厘那样懂得算账，能够说出一粒谷和一袋谷的辩证关系，就是已经从朴素的道德观念上升到了集体主义觉悟的高度了。真正的觉悟总是从亲身的实践经验中得来的。

干部、党团员和生产队社员会议开得如此顺利，既在支委们的预料之外，也在意料之中，于是他们收起原来准备的那套说辞，转而传达支委会前天晚上讨论制定的立即开展生产自救的四条措施，并提出“先保十万亩，两千也不丢!”的新口号，号召全大队干部群众全力投入生产自救。

然而，事情并未到此为止。正在玉枕人全体总动员开展蓄水、挑海泥积肥等生产自救运动时，公社党委书记周顺明突然找上门来了。

原来，县委在党代会上接受了莲花、石码等五个公社堵江救旱的建议，并没有立即付诸行动，因为堵江毕竟是一项大工程，不仅需要动员大量劳力，还需要耗费大量资金和物资，万一堵江堵了一半或者刚刚堵完，天下雨了，这不变成巨大的浪费了吗？而浪费就是犯罪啊！而且，这样的事，仅仅三年前的1960年就遇到过一次：那年也是春旱，县里决定在榜山堵江，

千辛万苦，好不容易刚刚将大坝合龙，第二天就来了一场暴雨，洪水很快就将大坝冲毁了。旱情是解除了，但县里和榜山公社都遭受了很大损失。今年的旱情比那年更严重，但谁能保证不重蹈覆辙呢？所以，作为县的领导核心，做出决定不能不慎之又慎。一直到党代会结束以后一个星期，龙海平原已经整整一百二十二天没有下雨，再不浸种溶田，就要误了季节，而气象站预测近期内还不可能降水——只有到了这时候，县委才不得不断然下决心堵江，并向全县人民发出“九龙江有水不算旱”的战斗号召。

2 月 11 日，县委常委李传荣和副县长杨松山召集县里的有关部门和有关公社、大队的代表，到榜山公社洋西大队江面的一条船里开现场会，勘定堵江筑坝位置，部署参加堵江的民工人数和有关事务。

周顺明正是为堵江的事来的。他将正在检查挑海泥积肥的黄狗屎找到大队部，笑嘻嘻地说：“胡头，有事找你。”

黄狗屎说：“书记，什么事，你说。”

周顺明说："堵江已经开始了，上万人已经上场，很快就要合龙。这合龙可是个高难度的技术活，谁也比不过你们玉枕人。公社研究，想请你们支援二十个筑坝能手，帮助合龙，你看怎么样？"

黄狗屎先是一愣，接着便笑道："书记，你这可是要我们用自己的手去掐断自己的喉咙哩！"

周顺明说："是啊，可我们担心这活儿除了你们，别人都未必能完成得好，而且时间紧迫，与其出了问题再来找你们，倒不如一开始就请你们出马，这可是关系到堵江能不能顺利成功的大事啊！"

黄狗屎略略想了想，说："堵江都赞成了，再去二十个人，没问题。什么时候动身？"

周顺明说："如果今天能定下，明天就可以去。那边已经开始两天了。"

黄狗屎说："行，我这就去找进德他们商量。"

周顺明叮嘱说："群众的思想工作可得好好做啊，实在不行，迟一天去也行。"

黄狗屎笑笑说："没问题，群众的思想比我

们当干部的还通呢!”

送走周顺明，黄狗屎当即让小通讯员去把支委们找来开会。这一次用不着做思想工作，虽然大家都知道派人去帮助堵江合龙，无异于用自己的手去帮助别人掐断自己的喉咙，但大家说，既然堵江都赞成了，还在乎再去二十个人！倒不如挑几个技术最好的人去，早点把江堵成，早点解除十万亩的旱情，好早点放水下来救玉枕。会议决定各生产队今晚就开会动员，让社员自动报名。

这个晚上的社员会开得既热烈又干脆。黄狗屎分工到草洲二队，二队队长只问了句：“大队决定派二十个人支援堵江合龙，看谁愿去?”徐歹囡、徐见、蔡福成等好几个人就举手报名，弄得队长连忙拦住说：“够了够了，大队只分配我们一个名额!”会议开不到15分钟就完了。

副书记邱井泉分工去白水队，队长钟水蛟要他给大家讲讲话，他只说了几句，就被社员蔡庆忠打断了，他说：“对，应该支援，‘八二三’那会儿人家支援我们的本钱才粗哩，支援二十个人算什么！我报名!”邱井泉十七岁的二儿子邱烫急得连忙站起来说："别急别急，我还没报呢，我报第一个！"社员钟照才、钟保生、钟庆等也争着报了名，钟水蛟连忙说："我们队只有两个名额，我也报一个，让大队去挑选吧！"会议也不到半个钟头。

支委蔡昌参加的大沙队开始时倒发生了一点争论，但意见很快统一起来，五十多岁的妇女徐晶说："想过去看现在，听党的话无败害(闽南语，没坏处的意思)。我老了，恐怕你们不会要了，我叫我的女儿跟你们一起去。"社员蔡锦开始时有点不大想得通，听了大家一番争论后也说："看来确实应该去，那就去，我也去。索性多去些人，把江堵好些，叫受益面积再扩大些！"

这一晚，玉枕人再一次表现了他们高度的自我牺牲精神和集体主义觉悟，五十多岁的党员王三耳是全洲水利技术最好的技术员，他干脆向大队提出建议："这么大的工程，去二十太少，去四十！算我一个！"

大队部连夜开会，接受王三耳的建议，从各队自愿报名的一百多人中挑选出四十个身强

力壮又有打桩经验的社员组成支援堵江突击队，并决定由大队支委蔡昌和团支部书记蔡木生率领，随带五条木船，于明天涨潮时刻，驾船开往堵江工地。

四、“搿鲫鱼、钓大鮘[①]，值!”

正午十二点，大海涨潮了，潮水顺着九龙江倒灌进来，把九龙江的淡水一个劲儿往回顶，江面显得越来越宽了。

家住洲尾的蔡昌背着被包走出家门，站在大路口一声吆喝：“走啰!”

支委蔡护彬拎着一口大锅从家里追出来，对蔡昌说：“昌啊，把我家这口大锅带去用吧，我家还有一口小的。”

早就等在村口的青年蔡勇缠着蔡昌恳求：“昌哥，让我去吧！我不会给玉枕人丢脸的!”

蔡昌笑笑劝道：“你在家好好当保管，帮助队长把生产搞好，也跟支援堵江一样光荣。”

---

① 鮘，chóu，闽南话，鲤鱼。

蔡勇抓抓头皮叽咕道：“真衰小（闽南话，倒霉的意思）！我一直报，就是不让我去！”

蔡昌一行人背着行李，带着工具，从洲尾动身，向洲头进发。一路上，被选中参加堵江突击队的纷纷加入队伍，没有参加的也纷纷走出家门，给突击队员们送行：“好好干吧，别给玉枕丢人！”“放心去吧，家里的事有我们呢，不用操心！”

队伍越来越大，到了十六石村，蔡木生等人已等在那里。蔡木生也拎着一口大锅，这是他从自己家里拿出来的。他的母亲紧紧依偎在

打桩队领队蔡昌（左）和队员蔡芋（右）

他身边，小声地叮咛又叮咛：“孩子，放心去吧！家里的事不用挂心，到那里要像‘八二三’人家帮我们修堤一样好好干。要当心身体，不要着凉了。”

队伍来到洲头张厝围，黄狗屎、徐进德和邱井泉等一大帮人早已等在那里。邱井泉把五十元钱交给蔡昌，说：“这钱你带着，到那里买买油盐酱醋，吃得好一点。”大队长徐进德也把刚刚让碾米厂送来的四百斤大米交给蔡昌他们：“到那里饭吃饱点，打桩打狠点，一定要保证质量啊！”

三个大队领导，还有不少送行的人，一直把堵江突击队员们送到洲头渡口。

渡口水面上一字儿排着五条木船，许多人等不及人到齐就上船了。等大家都上船以后，黄狗屎拉住蔡昌的手，再一次叮嘱说：“昌啊，这次去堵江，是我们自愿去的，一定要服从工地的领导，一定要注意大家的思想情绪，说话要注意，不要让人家看笑话。不管多困难的任务，一定要想办法完成，不能给玉枕丢人！要是有什么难处，就捎个信来，我们一定全力支持！”

蔡昌说：“你放心好了，我们玉枕人出外是从来没有辞注[①]的！”

等蔡昌上了船，黄狗屎拉开大嗓门对船上的玉枕汉子们吼道：“同志们，莫衰小啊！”

“莫衰小！”四十条汉子齐声应道。

岸上的人们一齐向船上的人挥手送别，像送别出征的战士一样。

蔡昌一声吆喝，五条木船上的十把桨便一齐划起来，像端午节赛龙舟似的，乘着倒灌的潮水向堵江工地驶去。

十多公里逆水路，两个钟头多一点就到了。远远望见九龙江西溪两岸的沙滩上人山人海，都在紧张地忙着挑沙筑堤。有人不高兴地咕哝道：“怎么搞的，落后啦？”

蔡昌说：“是让我们来帮助合龙，所以迟通知了两天。”

木船拢岸，蔡昌首先跳下船去，找莲花公

---

① 辞注，原本是赌场上的术语，这里指畏难、半途而废。

挑沙的人们与潮水赛跑

社带队的李副社长报到。李副社长一听说玉枕超额一倍来了四十个人，大为高兴，当即让他们到水头村先安顿住处。

蔡昌回来跟大家一说，大家二话不说，拎起被包抬起大米就往水头村跑。跑了好一阵还不见到，一问过路的行人，说从工地到水头有三里地，大家不约而同地站住了："这么远！每天跑来跑去，要误多少工。不住水头！"

"那么住哪里呢？"

团支部书记蔡木生提议说："刚才路上看到洋西村外的瓦窑空着，要不就住到那里去？"

"瓦窑？"有人怀疑，"瓦窑能住人吗？万一住出个病……"

"不怕！我们又不是金枝玉叶，再说就几天时间，苦就苦一点，能多干点活就行！"

于是大家掉转屁股就往回跑。

瓦窑已停止生产，窑里是不能住人的，只能住在堆放砖瓦泥坯的棚子里，可是满地碎砖烂瓦，而且只有一个屋顶，没有墙，四面通风。2月天气还很冷，特别是碰到晚上刮风，睡在这里真是够呛。蔡昌还有点担心，但大家二话没说，把碎砖烂瓦稍稍一收拾，就铺上带来的稻草，把被包打开了。等他们理好铺，砌完灶，天已黑下来，急忙草草做了饭。吃完饭，蔡昌把大家叫到一起，将临别时黄狗屎交代的话传达了一遍。

“有心打石石成穿（洞），”许细第一个发言，“既然来了，就决不三心两意，一定要做到领导、群众都满意，决不辜负大家的希望！”

“对，就该这样！”年纪最大的五十七岁的王三耳接着说，“我年纪大了些，但不怕，一百斤的担子我也要匀上十斤。生同生，死同死，再重的担子也要一起把它挑起来！”

“老年人都不甘落后，我们年轻人更没话说了，保证完成任务！”好几个年轻人大声说。

第二天天刚发白，蔡昌他们便起来了，炊事员早已把饭做好，大家匆匆吃了几碗，蔡昌就给分了工：十八个负责挖土块，十五个负责五条船运土块，五个负责在堤上填土块，两个炊事员留在瓦窑做饭。一场紧张的战斗就这样开始了。

公社交给玉枕人的任务是挖、填土块包坝

头，这是一项要求较高的技术活，每个土块都要切得差不多大小，一尺二寸高，切面呈菱形，两条对角线一条长一尺，一条长七寸，每块二十斤重左右。填的时候也有一定规格，土块挖得不好，填得不好，都会影响沙堤的质量。玉枕人在长期与潮水打交道中练出了一手好技术，干起来又快又好。负责运土块的呢，也不甘落后，一载装两方土块，别的大队一条船上用四五个人，他们只用三个人。运土船要逆流而上里把路才能运到坝址，桨划不动，他们就跳进水里用绳子拉，用肩膀推。随着两边坝身的延长，龙口的缩小，水流越来越急，他们又想出在坝的上游打一根木桩，拴一根粗绳子，拉着绳子往上运的办法，大大提高了工效。一天下来，别的大队一条船只运二十来载，他们一条船运了三十多载。第一天的成绩就引起了工地上的普遍注意。

吃罢晚饭，王三耳到洋西村头一家小店买烟。洋西村是榜山公社的一个大队，这次选择在洋西江面上堵江，是因为通往九十九弯港道的水闸就在这里。堵江以后，江水要通过九十九弯港道流向榜山、莲花、东园、东泗等公社的十万亩水田，但是江一堵，江水上涨，就要淹没洋西大队三千多亩低洼地。洋西的许多社员开始时思想也不大通，后来经过讨论，大多数人赞成大队提出的“丢卒保车，舍小我，保大局”的口号，拥护堵江。

这时，小店里聚着好几个洋西村的社员，有的人见了王三耳，就偷偷跟旁边的人咬耳朵：“这老头子不知是哪个社的，干劲可大哩！”

王三耳见旁边坐着两个六十来岁的老头一直盯着他看，便笑嘻嘻地上前搭讪：“老家长，吃饭啦？”

“吃啦，”其中一个老头说，“你也是来堵江的吧？”

王三耳说：“是啊！这些天你们这里可热闹了。”

另一个老头叹口气说：“唉，堵了江，你们那里得了大利，我们这里可了（损失）得不轻哩！江一堵，麦子挨淹，稻子也要挨淹，损失可惨了！”

“是啊，我们也听说了，”王三耳笑笑说，“你们榜山风格高啊！不过，依我看，你们还算

不错，万把人在这里堵江，光拉的屎尿就不好算，帮你们积了多少肥啊！还有那么多淘米的水，也够你们喂好几头大肥猪哩！”

又一个人问：“你们是哪个社的？”

王三耳说：“莲花玉枕，就是海澄外面海口上的那个小洲，听说过吧？”

一个社员惊疑地问：“你们是玉枕大队的？江一堵，九龙江的水就流不下去了，那你们……”

王三耳笑道：“是啊！我们是用自己的手来掐断自己的喉咙哩！”

一个老头不相信地问：“那你们来干什么？”

“不受益也要来啊！”王三耳说，“你想想，江一堵，能保住五个公社十万亩，我们玉枕才两千多亩，这可是搿鲫鱼、钓大鱿，值！”

旁边的人有的赞叹，有的向王三耳伸大拇指，说：“嗨，老人家，你年纪大，可觉悟哩！”

先前说“你们那里得了大利”的那个老头也说：“听你这么一说，我不通也得通了！好！说得好！搿鲫鱼、钓大鱿，有道理！”

王三耳在小店里买了一包烟，一盒火柴，在洋西人的赞叹声中，哼着小曲，回瓦窑去了。

五、"我们领下来!"

王三耳在小店的一席话很快传遍了洋西村，并且传到了堵江工地，民工们都被玉枕人这种舍己为人的高尚风格所感动，工地的喇叭也不断广播玉枕人奋不顾身、忘我劳动的事迹。玉枕人一时间成了整个工地注意的中心。

玉枕人呢，也被从未有过的荣誉感激励着，干得更欢了，工效一再提高。虽然一天下来，腰酸背痛，筋疲力尽，第二天干起活来，仍然生龙活虎。

但，也就在这当儿，一片看不见的阴云飘上了玉枕人的心头。

由九龙江两岸同时起筑的坝身不断向江心延伸，龙口越来越小，流到下游去的水也越来越少了，玉枕人的心也像江心的流水一样越来越湍急。有的人干着干着，忽然会停住活痴痴地望着流水发呆；有的人举起夯来，待到要落下去的时候，忽然会觉得两臂发软；有的人本来爱说爱笑，也变得沉默寡言了。

晚上，大家坐在地铺上聊天。

“不知怎么搞的，这两天晚上老睡不着，望着满天星星，仿佛看见玉枕洲上焦急盼水的眼睛，耳朵里也仿佛有人在喊：水啊，水啊，你倒是多流一点下来呀！”

“我倒是一闭上眼睛，就仿佛看见玉枕洲上内港里的水干了，田里的土发白了，连煮饭的水也发咸了……”

“是啊，我的心里也挺矛盾的。一想到兄弟社队十万亩田等着溶田播种，恨不得早一日合龙，可一想到家里，又希望迟几天合龙，好让江水多流一点下去。唉，真难啊！”

…………

蔡昌看在眼里，听在心里。很快就要合龙了，如果不扭转这种情绪，很可能影响合龙的工程质量，而且因为精力不集中，还可能会给合龙带来意想不到的危险。于是他把蔡木生、王三耳两个党员叫到一边，商量如何分头做大家的思想工作。

然而，玉枕人毕竟是玉枕人，话一挑明，情绪很快就扭转了。

"莫衰小!"玉枕人拍着胸脯喊道,"话是那么说,但我们玉枕人出外是从来没有辞注的!你们放心好了!"

这一天上午,蔡昌从指挥部开会回来,告诉大家下午开始打竹桩准备合龙,当场挑选了二十六个最身强力壮的打桩手,个个摩拳擦掌,跃跃欲试。吃罢午饭,他们就上场干开了。一个下午打下了二十多根竹桩,莲花公社负责的这边坝身又向前延伸了十来米。

眼看着就要与对面的坝身靠拢了,没想到一声巨响,对面的坝身突然被激流冲垮了一大段。

原来大坝是分别由两岸同时向江心合龙的,南岸的坝主要由莲花公社负责,北岸的坝则主要由东园公社负责。东园公社的社员没有在大江大河筑坝的经验,虽然这几天打了上百根竹桩,却不牢固。莲花这边的坝身一延长,就把水流挤到了东园那边,那边的沙坝吃不住江心激流的冲击,刚刚筑起来的一段当即被冲垮了。

第一次合龙失败,堵江指挥部当即下令停工,召集各公社负责人开紧急会议。蔡昌和王

三耳作为特邀代表也参加了会议，他们提出合龙口打竹桩力量太小，抵挡不住激流冲击，要改用木桩。但工程师考虑到工地正缺乏木桩，而且打桩也很麻烦，主张改用沉船的办法合龙，没有采纳蔡昌、王三耳的意见。

于是，这天下午 3 点钟，趁着潮退以后，一条装满沙包的木船在合龙口下沉了，第二条装满沙包的木船也沉下去了，民工们以为大事已成，赶快争着往合龙口扔沙包，合龙口上很快露出约三米宽的堤坝的雏形。但九龙江并未束手就擒，随着堤坝上游的水位迅速上涨，江水的冲击力也越来越大，加上两条重叠的木船左右上下有许多大大小小的空隙，民工扔下去的沙包也没有办法填实，江水以强大的冲击力寻找出路，拼命地往空隙处钻，慢慢地，还没有牢固的新堤终于开始动摇，动摇……突然间，第二条船连同上面的沙包被激流呼一下卷出水面，翻了个身，猛冲下去，撞在第一次合龙后留下的竹桩沙包上，只听得一声巨响，木船被撞得粉碎。

第二次合龙又失败了。

沉船也不行，工程师目瞪口呆，不知所措，堵江总指挥的脸色也变了。站在两岸观战的上万民工一阵骚动。

第二次合龙又被迫停止。县委书记刘秉仁在外地听到这个消息，当即赶回来在指挥船上召开第二次紧急会议，参加会议的有工地负责人员、一部分公社和大队代表，还有闻讯赶来的地区水利局局长等有关负责同志三十多人，把个不大的船舱挤得满满的。

“情况很紧急，”刘秉仁劈头就说，“再过三天不过水，播种插秧就要误季节，十万亩就要完了，大家看怎么办？”他扫了会场一眼，把视线落到了蔡昌、王三耳身上。

“无论如何，明天一定要合龙，这是一个战斗任务！”地区的领导同志也强调说。

一时无人说话。蔡昌和王三耳小声商量了一下，站起来说：“按我们的看法，现在龙口小，水的冲力太大，如果要合龙，只有用木桩。”

“要多少木桩？”刘秉仁问。

“四十根，一丈八尺长的杉木，”王三耳说，

“另外，得准备一万个沙包。”

刘秉仁问：“有把握吗？”

王三耳说：“应该不会有问题。”

“好！”地区水利局局长当即表示，“杉木由地区负责，我们全力支持。”

刘秉仁当即站起来，说：“好！那就把这个任务交给你们，明天白天打桩，晚上合龙。有什么困难？”

全船的眼睛都一下集中到了蔡昌和王三耳身上。蔡昌小声问王三耳：“怎么样？”

王三耳捏了一下蔡昌的手，小声却十分坚定地说：“领下来！”

“好！”蔡昌当即站起来，面对刘秉仁大声说，“我们领下来！”

船舱里响起一片掌声。

“不过，”王三耳也站起来补充，“明天晚上正好涨潮，对合龙不利，而且工程很危险，晚上施工也不安全。我们的意见是，明天白天打桩，后天一清早潮退后合龙。此外，材料一定要在明早七点前运齐，不然……”

“这由我们负责，”刘秉仁兴奋然而严肃地

说，“蔡昌、王三耳同志，现在工地只剩下几万元钱了，这已是最后一笔资金，要是这次再不成……再说，十万亩也不能再拖延啦！”

“请领导放心，”蔡昌坚决地回答，“就是豁出命我们也要把任务完成！”

当蔡昌和王三耳走出指挥船，天已经黑了，两人顾不得看脚下，就急急地往瓦窑走。

“按平常，这四十根木桩少说也得打三天，现在要一天完成，”王三耳边走边说，“而且施工危险性很大，一不小心掉下去便没命了。任务很重哪！”

“回去找大家想办法。”蔡昌头也不回地回答。

两人回到住处，大家就一哄围上来。蔡昌一边吃饭，一边将会议情况作简单传达。

许细说：“不用怕，最重的担子我们也会把它挑起来，决不叫你们丢脸！”

“不过，”王三耳说，“这里的夯恐怕不行，太轻了。”

蔡木生当即自告奋勇站起来说：“我回去把我们的夯搬来。”

“时间那么紧，”炊事员许岸也抢着说，“明天我把饭给你们送到工地去，让你们争取时间多打几下。”

大家又商量了一阵，便各自分头准备。

蔡木生急步跑到工地指挥部，借了一辆自行车，跳上去便使劲踩起来。这时已是晚上八点多钟，东北风刮得正紧，好像有一只巨大的手掌顶住他的胸口往后推，他也顾不得了，埋下头俯下身迎着风猛冲。从洋西工地到玉枕，走陆路有十五公里，等他赶到渡口已经十点多钟。过了渡，自行车不能骑，他便推着车子跑，跑到大队碾米厂门口，正好碰见黄狗屎和徐进德从大队部回家，见蔡木生那个样子，以为出了什么大事，吃惊地问：“木生，出了什么事？”

蔡木生把回来搬石夯的事说了一遍，又说：“明早七点前一定要送到工地。”

徐进德说：“没问题，我们洲尾有个大石夯正好闲着，你搬去就是了。”

“我看还是先把洲头修水利那个搬去用吧，那里搬起来方便些，”黄狗屎说，“怎么样？有困难吗？人手够不够？要不要再去一些人？”

蔡木生说："不用不用，大家决心可大哩！"

徐进德叮嘱说："不但要完成任务，还要完成得好，把合龙口做牢固些！这是最后一关了，一定要坚持到底！"

黄狗屎说："木生，告诉大家，千万注意安全！"又说："今晚你好好回家睡一觉，明天一早，我们派船送你。"

第二天天刚亮，黄狗屎、徐进德派的两个社员就去帮蔡木生抬夯。他们来到洲头水闸边时，正好有两个社员在那里看水，听说他们是来搬夯的，其中一个便说："这夯我们正用着呢，你搬走了我们拿什么夯？"

蔡木生说："胡头和大队长已说好了，这个先搬去合龙用，这里的另外想办法。"

那社员不高兴地说："木生呀，你们真死心眼！你们做那么牢干什么？难道真要把我们旱死？"

另一个社员当即纠正说："你这是说的什么话！既然已经答应人家了，哪有说话不算数的？莫衰小！木生，这个夯你们搬走好了，趁现在涨潮，赶快走吧！这里的事你们不用担心。"

蔡木生看时间紧迫，也顾不得多作解释，便和两个来帮忙的社员一齐动手，将八十公斤重的大石夯抬到码头。那里早已停着一只舢板，三个人将石夯抬上舢板放好，又将自行车捎上，便合力划起桨来，一直把石夯送到海澄镇西门，叫了一辆三轮把石夯载上。蔡木生自己则骑上自行车，急急忙忙往堵江工地赶。赶到工地，还不到八点，地区支援的四十根杉木和县委动员机关干部和居民连夜赶缝的一万条麻袋也已运到。

六、“用自己的手掐断自己的喉咙”

七点以前，蔡昌和三十九个玉枕汉子来到了合龙口，简单地开了个碰头会。整七点，二十六名打桩手便脱光膀子，只穿一条裤衩，准备开工。王三耳再次叮嘱：“注意安全！”

这时，工地指挥部的几位领导也来到合龙口，刘秉仁亲自带领一支抢救队守在龙口边，准备万一出现意外时救人。他紧紧握着蔡昌的手，说：“祝你们成功！”

这时，整个工地的上万名民工都停止了作业，齐集在九龙江两侧的沙滩和堤坝上，观看这次堵江工程最艰巨最危险也是最后的一场硬仗。上万双眼睛，不，是龙海全县四十五万双眼睛都聚集到了二十六个玉枕汉子身上。

这时，整个合龙口的宽度只剩下十五米左右，几十丈宽的江面的水集聚在一起，向小小的合龙口凶猛地冲来，激起一米多高的浪头，发出震天动地的啸声，坝上坝下的水位落差一米多，合龙口的水深便是在落潮以后也有四米。水流之急，加上两次合龙失败后留下的竹桩沙包破船等障碍物没有清除，有的竹桩露出水面，歪七倒八地像一根根尖利的长矛，如果掉下去，就是水性再好也难保得住性命。望着这猛兽一样的江水，不知谁轻轻惊叫一声："危险啊！"

蔡昌的心猛地一抖，一股凉气倏地爬上脊梁。是啊，这样危险的工程他还是第一次碰到。何况，他们要做的并不是为了玉枕，而是帮助别人，"用自己的手掐断自己的喉咙"！万一打桩时有个闪失，出了事，他将如何面对洲上父老？想到这，这个三十二岁的瘦小汉子情不自

禁地抬头向下游望去。蓝天苍苍，绿水茫茫，望不见玉枕洲，但他仿佛看到了玉枕洲上的人们正呆呆地站在洲头，凝望着从九龙江流下来的越来越少的淡水，悲怆地呼号着："水啊！水啊！你多流下来一点吧！我们连人和牛喝的水都没有了啊！"

王三耳见蔡昌望着远方发怔，知道他心里想什么，但这个"老水利"知道，在这个时候，任何一点犹豫和胆怯都可能带来不堪设想的后果，包括工程质量和人身安全。他用手轻轻捅了一下蔡昌的腰，小声喊："昌啊！"同时向蔡昌使了个眼色。

蔡昌猛地惊醒，在心里骂了一声："衰小！"随即掉转身对着玉枕的弟兄们喊道："怕鬼就不看目莲戏！玉枕人，跟我上！"

"上！"二十六条玉枕汉子齐声吼道。

只见几个玉枕汉子划来四条小船，用绳索连在一起，到坝的上下两侧抛下龙须锚，让小船垂直地漂在合龙口上，又在每两条小船之间铺上几块长长的木板，以备打桩时站人之用。这边，也有两个人抬着一根木桩，踏着沙坝的斜坡走到水面插下第一根木桩。因为每根木桩都有一丈八尺长，站在船上够不着用夯打桩，必须要用别的办法先将木桩压进江底的沙层里。怎么压呢？只见他们在木桩顶端用粗麻绳套一个活结，绳子两端又各结一个活套，穿上两根六七尺长的小杉木，然后两个人护住木桩，十二个打桩手就从木桩爬上去分两边站在这两根小杉木上，后面的抱着前面的腰。站稳以后，下面两个护桩的人轻轻摇动木桩，上面十二个人便喊着号子一齐用力，将木桩一点一点压进江底沙层，直到够得着站在船上打桩为止。

这是一项古老的、难度极高、危险性很大的技术活。一旦下面护桩的人摇动木桩时一不小心，或者站在上面小杉木两端的十二个人稍失平衡，所有的人就会一齐摔进急流里，后果不堪设想。但是，在世代与大海打交道中锻炼出一身出色的筑堤打桩本领，又被高度的舍己为人的英雄主义思想武装起来的玉枕英雄汉，却面无惧色，从容镇定得就像表演杂技。

这时，整个堵江工地上的上万民工都屏住了呼吸，目不转睛地注视着合龙口上的惊险一

幕，只有咆哮的涛声和玉枕汉子整齐嘹亮的号子声，在江面上合奏着一曲急流勇进的英雄交响曲，那激动人心的旋律在人们胸中激荡，仿佛合龙口上汹涌咆哮的波涛……

一个钟头以后，第一排三根木桩打下去了。顾不得休息就动手打第二排第三排，二十六个玉枕汉子分成两班轮流上场。打第一排时，因为靠近坝身，护桩的人还有一个斜坡可以立脚，这时却连这一点依靠都没有了，要把这一丈八尺长的木桩送出去插进急流里，而且要保持垂直，就要有人抬着木桩，踩着刚打下去的木桩往外送。共产党员、团支部书记蔡木生和青年蔡允盛自告奋勇地说了声“我们来!”就抬起木桩踏上了只有碗口大的桩头，一步一步走出去，就跟小说里练武的人走梅花桩一样，但梅花桩下面是平平的陆地，现在他们的脚下却是翻滚咆哮的波涛!

慢慢地，木桩越打越多，难度也越来越大。因为江底土质软硬不同，露出水面的木桩长短不齐，为了保证质量，必须把长的锯短，工地上的一个木工自告奋勇接下这个任务。他见玉枕人走“梅花桩”如履平地，以为不太困难，便大胆地踏上木桩走了出去。谁知刚走没几根，就被脚下汹涌咆哮的急浪震得头晕目眩，心一慌，一脚踩空，幸亏旁边的蔡木生眼疾手快一把将他拉住，才没有掉进江心。

就这样，二十六个玉枕英雄汉以惊人的意志和高超的技术，放弃休息，整整打了一天，打下了三十根木桩。

吃晚饭的时候，县委书记刘秉仁特地到合龙口慰问，问他们还有十根打算怎么办？大家异口同声说：“吃罢晚饭再干，无论如何要赶在涨潮前把木桩打完，保证不误明天一早合龙！”刘秉仁高度赞扬了他们的勇敢精神，立即叫指挥部给他们每人送来一斤红糖、半斤大米和一包纸烟，为他们加油。大家的劲头更大了，放下碗，借着雪亮的汽灯光又干了起来。一直到深夜十二点，终于在刚刚开始涨潮时把四十根木桩全部打完。

当二十六名英雄的玉枕打桩手带着满身汗水、拖着酸痛的双腿、踩着“梅花桩”爬上岸来的时候，刘秉仁带着工地总指挥和其他负责

同志一拥而上，紧紧地握住了那些虎口震裂、水泡浸血的发烫的大手，千万句感激的语言只凝成一句简单的热烈的问候："你们辛苦了！谢谢你们！太谢谢你们啦！"

王三耳握着刘秉仁的手，再次提醒说："刘书记，明天填沙包合龙，前两次用的竹箅太薄，挡不住水流的冲力，这次一定要用对劈毛竹片编起来……"

刘秉仁连连说："一定，一定，一定办到！"

第二天凌晨，潮水退尽了，连夜赶装起来的上万个沙包在大坝两岸堆得像小山，早早就等候在合龙口两边的民工摩拳擦掌，单等工地总指挥一声令下，便好将沙包扔进合龙口。

本来，玉枕人的任务已经完成，指挥部让他们好好休息，但他们不放心，也早早起来赶到工地，翘首等待最激动人心的时刻的到来。

工地总指挥站在一个高墩上，举着一面小红旗，用力向下一劈，大喝一声："合龙开始！"

工地上一声呼喊，民工们便扛起沙包，争先恐后地奔向合龙口，将沙包扔下急流。

"呀，都这么扔下去，沙包填不严实，就会

漏水，一漏水，岂不又要垮了?”站在一旁的王三耳急得叫起来。

但这时的人们一门心思只顾着扔沙包，想早一点将合龙口填满，谁也没注意到这位老水利的提醒，倒是让杂在人群里扛沙包的蔡木生听见了。他顾不得多说，当即把衣服一脱，手一扬，喊了声：“玉枕的小伙子，跟我来!”快步跑到合龙口，“扑通”一声跳进了急流里。紧随着，又有七八个玉枕青年跳了下去。其他大队有的社员猜到了他们的用心，也“扑通、扑通”跳下去一些人。他们潜到一丈多深的水底，冒着被巨大的引力吸进窟窿的危险，发现小漏洞就把沙包拉拉整齐填密填实，遇到大漏洞就浮上水面抱一个沙包潜下去填满，一直到合龙全部结束，把所有合龙口的漏洞堵得严严实实，又检查一遍确保安全后才泅上岸来。

合龙胜利完成了。九龙江水被英雄的人们拦腰截住，倒流进九十九弯港道，奔腾跳跃着，滋润干渴的土地去了。欢呼声此起彼伏，地动山摇。英雄的玉枕人也混杂在欢腾的人群中，跳跃，呼喊，但细心的人们可以发现，他们的

眼眶里都饱含着一汪热泪……

七、"这点苦算什么!"

当四十名英雄的玉枕汉子冒着生命危险，为支援兄弟社队抗旱而"用自己的手掐断自己的喉咙"日夜鏖战的时候，玉枕洲上的抗旱斗争也进入了越来越艰难的阶段。从九龙江流下来的淡水越来越少，每天只能在涨潮或退潮的时候，利用"顶淡"（淡水比海水轻，潮水来时可以把它顶起来）从水门放进一些淡水。洲上所有港道里的淡水也越来越少了，而且因为久旱的缘故，原有的淡水也逐渐变咸。干渴苦旱的玉枕洲，多么需要水啊！

还在动员社员们支援堵江的时候，大队支委会便根据堵江后可能出现的情况，作了周密的研究，并采取了四项措施：一是在原有积肥数的基础上，每亩再增加土肥两百担，万一误了插秧季节，可以依靠肥力来补救；二是抓紧搞好浸种育秧，把种子播到田里，并且保证出秧；三是管理好现有淡水，全洲二十八个水门聘请二十八个有经验的老农专职管理，并分成四片，由九个支委分片包干；四是做好各种准备，天一下雨就抢溶田插秧。支委会还向全大队社员提出新的口号：“先保十万亩，两千也不丢！”号召社员们战胜旱灾，夺取早季丰收。

于是，一场轰轰烈烈的抗天灾、夺丰收的斗争迅速席卷了整个玉枕洲。

土楼生产队原来已给每亩田挑了四百担土肥，生产队长把支委决定向大家一传达，大家说：“天不下雨正好积肥，干！”第二天，全队社员便分成三路动起手来，涨潮时往田里送泥干，潮一退就下海挑海土。跳板不够，队委钟三才便把家里的门板卸下来借给队里，社员钟金枝等也把自己家里可用的木板借出来。社员的出勤率也大大提高了，原来一天一般只有三十六个，这会儿增加到了四十四个。四十多岁的妇女王窍有五六个孩子，原来很少参加队里劳动，现在她把小孩子安排给大孩子照看，自己挑上一副土箕就来参加积肥，还帮助发动其他妇女出工。队里提出“多送一担肥，多收一斤粮”的口号，社员的积极性大大提高，开始

时每天一个人挑一百担，后来逐渐增加到一百八十担，只二十天时间全队就积了十万担海肥，又给每亩田增加了八百担（原来每亩四百担积了十八天），使所有田里堆满了密密麻麻的肥堆，平均四平方尺就有一担。

分配去管水门的老农和支委干脆把被铺搬到闸门边，没水时参加积肥送肥，涨潮或退潮时便赶到水门边守闸门。守水门是一项很细致的工作，潮水顶起来的淡水层越来越薄，一不小心就会叫咸水漏进来，咸水一进来，原来港道里的淡水就会变坏，所以管水的人必须随着潮涨潮退不停地尝水，不断地加减闸板，一尝到咸味就要赶快把闸门关死。挂车围的水门是全洲最大的一个，负责管理的博士队老农许忠厚更是竭尽心机，日夜不离水门。有人邀他去抓鱼搞副业备荒，他说："这水门管不好，七百亩田就要受损失，我不去。"有一天早晨下了霜，下午又刮起了五六级东北风，天气很冷，他忽然发现水底下有一块闸板漏水，二话不说，把衣服一脱，抱起两小捆稻草，就跳进一丈多深的水里去堵漏洞。就这样，他一直在水门边守了两个多月。

过桥生产队的蔡梨已经五十六岁，专职管理二十五亩秧苗。第一批先出的十亩秧苗因为长期吃不到淡水（内港里的淡水也被晒咸了），一天一天枯黄。他急得整夜整夜睡不着觉，天天在秧田旁边转，终于想出了“流洗”的办法。征得队长同意后，他把田缺口全部打开，和三个社员架起水车，把内港里已经变咸的水车到田里，让田水经常保持流动，把盐分冲洗掉。不久，第二批十五亩秧苗也长出来了，他让队长增派了几个社员帮助车水，自己干脆白天黑夜都在秧田里转，每天给秧田冲洗两次，晚上也要冲洗六个小时。社员分三班轮流，他却一个人坚持到底，眼睛熬红了，脚板踩肿了，人熬瘦了，他全不管。后来天一直不下雨，车水的人脚板都踩肿了，还是忙不过来。眼看着秧苗又一天天黄下去，他便建议和毗邻的大社生产队合作，借来一部抽水机，日夜流洗，秧苗才又慢慢活了过来。就这样一直坚持了五十多天，终于育成了咸水秧。后来的结果证明，这种秧比淡水秧更适合于咸水田播种。

那些天，玉枕大队的干部们白天和社员一起积肥，到各生产队检查抗旱育秧情况，晚上就抱起被子到水门边帮助看水门、等潮水。黄狗屎还特地跑到海澄借了一根测水管带在身边，随时测量水的咸淡。虽然每次能进水的时间最多不过半小时，有的甚至只有十几分钟，但就是这一点淡水也是宝贝啊！有一天突然下了十七毫米雨，北溪有一部分淡水流到了玉枕洲外，黄狗屎当即和社员把四台抽水机抬到江边抽水，一天两次，一次也只能抽一个钟头，而且抽不上几天又完了。

旱情越来越严重，洲尾一带连人吃的水都没有了，许多人吃了咸水煮的饭，拉了肚子，劳动出勤率也慢慢降低了。支委会当即发动生产队派船到五公里外的上北溪三叉河运淡水，但是一个生产队两条船去一天，运回来淡水分给社员，一家只能分到一担多一点。社员淘米的习惯也取消了，早晨五六个人合洗半脸盆水，洗完还舍不得倒掉，积起来沉淀一下洗衣服、洗脚，最后还要去浇菜。衣服脏得不能不洗了，就先到咸水里搓洗干净，最后弄点淡水漂一漂；

有的家在海澄那边的妇女，索性渡河把衣服捎回娘家去洗。那时候，真是吃水都用刀切哩。玉枕洲就像一条丢在沙滩上的鱼，连喘气都感到困难了。

人，等着吃水；牛，等着喝水；秧苗，等着灌水；土地，等着溶田。水啊，水啊，你在哪里呢？

于是，有些原本就反对堵江的人，又开始说闲话了，什么“玉枕洲又要变一千多年前的土坪了，赶快编个‘加子’（用草编织的袋子，一般用来装碗筷用）准备讨饭去吧”“党支部死要面子，这回有好看的了”。

不过，玉枕人毕竟是玉枕人，尽管少数人不满、发牢骚，大部分社员还是毫不动摇。他们对那些发牢骚的人说：“你们叫什么？要不是人家支援，‘八二三’那回玉枕就变土坪了，还有你今天坐在这里发牢骚？”“为了大局，牺牲也是光荣的，这点苦算什么！”

那段时间，不知有多少次，黄狗屎一个人跑到围洲大堤上，对着满满的江水发愣，心里想，要是这些水也能吃，也能灌田，那该多好！

望着尿桶叫尿憋死，真不甘心！有好几次，他真的差一点泄气了，可是一看到那几块立在堤上的石碑，一抬头望见河对面在田里劳动的社员，心里马上又有了劲。他对自己说："把眼光放远点看吧，不要老瞧着玉枕洲！我们是受了点困难，可五个公社的社员可以吃到甜水了！可以播种育秧了！你应该为他们高兴啊！"

有一天，黄狗屎到张厝围那片地去看看，那里因为靠近洲头，进水较好，已溶了一百七十亩田，并且插上了秧。张厝围下面的总爷围也有一百七十亩田，却一点水也没有。总爷围的队长找黄狗屎商量，能否把张厝围的水放一些下去溶总爷围的田。黄狗屎便同张厝围的几个队长去商量，队长们怕总爷围的水门一开，张厝围的水就会全流下去，结果连张厝围插下去的秧也给旱死了。黄狗屎想想这也是实情，拿不定主意。正好第二天，公社党委书记周顺明过河来玉枕，便和几个大队干部一起到张厝围察看，蹲在那里想呀想呀，就是想不出个两全其美的办法。忽然，蔡臭头两手一拍说："有了，我们在这里筑一条堤，把南头沟的水堵住灌溉张厝围，把北头沟的水放下去溶总爷围，不是两片都有水了?”这时，他们周围已围了许多社员，大家一听，齐声叫好，周顺明征求在场的张厝围和总爷围的队长们的意见，也说：“有理！我们就来它一次小堵江!”堵江就要有木桩，周顺明当场批了杉木，叫陈凉冷几个人到木材公司去买。陈凉冷等接过批条，拔腿就走。这边的社员却不耐烦了，说：“等不及了，我们把跳板先拿出来当桩打吧!”当即跑回队里，搬来了十几块跳板，连夯也抬来了。周顺明一看大家情绪这么高，非常高兴，挥挥手喊了声：“动手!”第一个“扑通”跳进水里，紧接着大家也纷纷跳了下去。从下午三点钟开始，一直到六点钟，一条坝就筑成了，去买木料的人还没回来呢。

八、“再困难，也要去支援!”

真是祸不单行！偏偏这时候，又一个问题发生了：不少社员家里断了粮，吃饭都困难了。口粮本来是可以吃到接上新粮的，因为接连抗了五六个月旱，劳动量大大增加，有的家庭算计不好，便吃光了。粮食是按国家规定定量供应的，各家都有限，怎么办？大队只好一边做思想工作，叫大家节约着吃，一边发动干部带头，把自己家里的口粮尽可能腾出一点借给那些断粮的社员。有一天，蔡臭头跑来找黄狗屎，说："郑长浩一家已经两餐没煮饭了，我家的粮食也快分完了，总共只剩下一斗，刚才又给他们送去了四斤。再不想办法不行啦！"黄狗屎说："我家本来还有一百多斤米，这几天这个来，那个来，也已经分得差不多了。"蔡臭头说："还是到公社想想办法吧。"黄狗屎心想，生产还没搞出名堂，倒先向国家伸手，这手怎么伸得出去？便说："再想想办法吧。"就在回家路上，黄狗屎又听说许便家没饭吃了，七口人正在家里发急呢。他急忙赶回家里问老婆："家里还有米不？"老婆吃惊地问："还要给人？"黄狗屎说："许便家没吃的了。"老婆生气地说："你去看看，总共还有四斤来米了，家里七张嘴哩，你怎样安排吧！"老丈母娘也数落他："你到底还要不要老婆？她病了这么长时间，也不见你问声好，倒让她天天喝米汤，我看你是忙昏了！”黄狗屎说：“旱那么重，两千多人的担子压在肩上，我哪有心思顾家啊！我们是干部，苦就苦一点吧！”好说歹说，又分了两斤米送去给了许便。他想这样下去真的没办法了，看看家里养的猪已经不小了，就横横心抬去海澄卖了一百一十二元钱，抽出十二元买了些地瓜米，大队要钱用，给了二十元，其余的这个三元，那个五元，没几天便借得光光了。看看实在没办法了，只好火烧眉毛顾眼前，将大队碾米厂存的一万多斤应急粮全部拿出来分给社员，还向公社借了一万五千斤。

有一天，黄狗屎到公社去找周顺明商量抗旱的事儿，刚坐下，还没谈上几句话，忽然从门外闯进来一个人，把一封信递给周顺明。周顺明抽出信笺看了看，顺手就递给了黄狗屎。黄狗屎接过一看，不由吃了一惊，问：“怎么？还要我们去支援？”

周顺明说：“九龙江堵成了，这边的大片土地是保住了，但那边浮宫、白水、东泗三个公社还有五万亩田仍在酷旱中，所以县委决定在

南溪上建一座一百九十三米长的渡槽，来个西水南调，把九龙江水引过南溪去。看来，那边打桩也碰到困难了。”

黄狗屎为难了，这样的关头，又要抽人去支援打桩……但转念一想，堵九龙江都去了，这一次为什么不能？五万亩也是大局嘛，去，莫衰小！便问那来人：“要去几个？”那人说：“黄部长的意思，怕你们玉枕生产紧，不敢请你们去打桩，只希望能派几个技术员去指导指导。”

黄狗屎说：“什么指导指导，要去就去打桩。你回去告诉黄部长，我们去十五个，明天上午赶到，下午上场！”说完，也来不及再跟周顺明商量抗旱的事，就急急赶回玉枕洲，找到支委们一说，大家说：“当初支援堵江就为的是保大局嘛，扩大灌溉面积是好事，怎么不去？去！再困难，也要去支援！莫衰小！”一研究，觉得护坡专业队的社员打桩技术最高，便把专业队队长、大队水利委员高耳钩找来。

高耳钩，四十岁，共产党员，论水利技术，在玉枕洲是数一数二的高手，思想也进步，关心集体胜过关心自己。比如，去冬以来，他天天都泡在水门里，自留地生产根本没过问，一直到集体的田都要插秧了，才想起自家的自留地里连一铧海土都还没挖。本来，他三个小孩捡了一冬天粪，积了三千多斤精肥，他想留一点给自留地就行了，所以别人都抽空给自留地积肥时他想都没想。谁知，生产队要争高产，肥料不足，要大家献肥，他二话没说，将三千多斤精肥全交给了队里，海土却仍然没有去挖。直到生产队都准备插秧了，他感到实在不能再拖了，才请了半天假，划了一条船到海滩上去，一个人吭哧吭哧挖起土来。刚好社员许忠厚、蔡区头从那里经过，见他那副模样，笑着说："耳钩呀，你为了集体，真个把家都忘了。来，我们帮你挖吧！"三个人一齐动手，挖了一船土，趁涨潮把小船撑到了北头尾海堤外。刚刚把船泊好，县水利局一个同志来找他了解情况，他便又跟着去谈了半天。等他谈完话，叫上老婆赶来想往自留地挑土时，潮水已经退了，把小船搁浅在了海滩上，上，上不了，下，下不了，气得他老婆哭不是笑不是，指着他的鼻子说："好不容易请了半天假，挖了一船土，又弄成这么个死不死活不活的，你这个人呀！"凑巧有个叫钟振华的社员路过看见，笑着说："你别埋怨他，他那是为了我们大家嘛！来，我帮你们挑吧！"

高耳钩就是这么个人！大队支委会知道把任务交给他，保险万无一失。果然，黄狗屎找他一谈，他满口答应。第二天一早，他把四十个专业队队员叫到一起，把支援的事一说。当时，护坡专业队正在海澄那边替别人做护坡搞副业，为大队赚钱备荒，有的队员便说："我们在这里，一天能赚好几元，谁知道到那里有没有工钱，万一旱季没收成，岂不连买米的钱都没了？"高耳钩说："管他有钱没钱，支援大局丰收要紧。"大家也说："对！堵九龙江就是为了保大局嘛，建南溪渡槽也是大局，当然要去！"接着人人争着报名，高耳钩挑选了十五个技术最好、身体最棒的队员，马上回家拿了被铺、换洗衣服和口粮，赶到十五公里外的南溪渡槽工地去了。

第二天中午，几个支委正在大队部开碰头

会，忽见高耳钩满脸汗水、气喘吁吁闯进来，上气不接下气地说："任务很重！黄部长说一个星期内要把渡槽架起来，让水通过去，可是现在还有一百二十多根木桩没打，那边的社员都没打桩经验，土质又很硬，工具也不好，进度很慢。我怕不能按期完成任务，特地赶回来和你们商量，看看是不是再去几个人？"

黄狗屎看了大家一眼，对高耳钩说："行！全大队劳力由你挑选，想叫谁去就叫谁去，要去多少就去多少。桩一定要打好，不完成任务不要回来！"

徐进德也说："对，就这么办！耳钩，还有什么困难没有？"

高耳钩说："没有了。我这就去找人！"

蔡臭头接上说："耳钩啊，西溪堵江我们玉枕人没丢脸，这回南溪建渡槽，你们也莫衰小啊！"

高耳钩笑笑说："你放心，我们玉枕人到哪里都不会丢脸的！"

当天下午，高耳钩又挑选了十个人，抬起两个大石夯，赶回南溪工地去了。

一个星期以后，高耳钩带领着二十五个打桩队员，在南溪上整整打下了一百一十二根四米长的木桩，还打断了一个大石夯。他们每个人的指甲旁边的肉都裂开了口，渗着鲜血，掌上磨起了泡，有的手心的皮都被揭掉了一大块。工地指挥部考虑到最艰巨的任务已经完成，余下的工作已不困难，而且玉枕洲的抗旱斗争也很紧张了，便动员他们回去。他们开始不肯，一定要和大家共同把渡槽架好通水了才回玉枕，经指挥部再三说服动员才算同意。他们临走时工地指挥部要算工资给他们，高耳钩说："我们任务还没完成就回去了，已经很惭愧，怎么还好拿工资？这一点点工作都要拿工资，那'八二三'三县一团八千多人支援我们修堤，我们全大队的收成光付工资都不够哩！"最后连工地补助的红糖、纸烟、酒都没领完，就高高兴兴地回来了。

事后，渡槽工地指挥部以全体民工的名义，代表浮宫、白水、东泗三个公社的全体社员，给玉枕大队送来了感谢信，称赞玉枕人是"野战军"，"哪里最困难，哪里就有玉枕人"。

九、“了不起！了不起！”

农历三月十五日，下了十七毫米小雨，北溪有一部分淡水流到玉枕洲外，大队决定趁机抽灌淡水，抢溶一部分田，便请求公社支援一部分动力。公社当即把自己的和造纸厂的两台共三十二匹马力的抽水机调给玉枕，埭新大队下仓生产队队长蔡和尚听说玉枕要抽水机抗旱，说：“我们正在考虑给你们支援一台抽水机和两架水车呢，正好，走，连人带抽水机一起去！”当即叫这台抽水机管理员蔡玉得带着抽水机一起赶到玉枕。黎明大队也决定抽出三台抽水机支援（后来因为够了没有要），加上本队四台，七台抽水机架到九龙江边，白天黑夜，断断续续抽了五天，除了供应生活用水和二百四十亩秧田用水外，还抢溶了五百亩早稻田，并且插上了秧。

这时候，论季节已耽误了整整一个月，迟播的秧苗都长得有一尺半高了，再不抢插，就要过了秧龄，完全报废。可是，全大队还有近

两千亩没水溶田呢！大家心里都火烧火燎的，纷纷来找大队，要他们向县里提个建议，放开洋西以下水闸，让九十九弯港道的水流进堤坝下面的九龙江里，支援一点水给玉枕，哪怕放一天也好。大队将这个意见反映给公社，公社党委又转告县委。县委考虑到水源很紧，而且还要放水引过南溪渡槽去灌溉浮宫、白水、东泗公社的大片土地，没有同意。一直到农历四月廿七日，又下了二十七毫米雨，大队马上发动社员抢水溶田。

就在玉枕人抢水溶田的第一天，周顺明带着全社十七个大队的支部书记来玉枕表示感谢。支部书记们紧紧握着玉枕大队干部们的手，诉不尽的感激，说不完的敬意，纷纷表示："你们需要什么尽管说，要人有人，要物有物，我们一定全力支援，随叫随到！"

玉枕人受到鼓舞，马上全体出动，又抢溶了一千七百零七亩。

大队一计算，还缺一部分秧苗，支部副书记邱井泉和陈凉冷打听到港尾公社还有一部分剩余秧苗，踩起自行车就赶到二十公里外的港尾。谁知港尾自己还没插完，估计没有剩余的。港尾公社的同志告诉他们，漳浦县楼下大队可能有剩余的，并热情地开了介绍信让他们到楼下去联系。两人也顾不得休息，骑上自行车又赶到二十多公里外的楼下大队。楼下大队党支部书记听说他们是玉枕人，非常高兴，当下招待他们吃了顿午饭，又亲自陪他们到各个生产队去落实数字，一统计，只有一万多把，远远不够。支部书记说："前些天我听说田中间大队有剩余的，数量还不少，是不是到那里再去看看?"两人被争取早季生产胜利的决心鼓舞着，决定马上就去，于是带上支部书记写的介绍信，不顾疲劳，推上车子，翻过七八个山头，傍晚六点多钟才来到田中间大队。田中间大队党支部书记看了介绍信，高兴地笑道："我们是老朋友了，新中国成立前我们这里就有不少人到过玉枕，玉枕人豪爽好客，给我们印象很深。"又听说玉枕是因为支援堵江才误了季节，更是激动得紧紧握住他们的手说："好！你们做得好！你们缺的秧苗，我们全包下来，要多少，给多少！"当夜招待两人住了一宿，第二天邱井泉、陈凉冷赶回玉枕，第三天带着拖拉机前去运秧的时候，田中间大队的社员已经把全部秧苗拔好等着了。

玉枕大队溶完田的当天晚上，公社党委召开了电话会议，通知各大队马上挑选犁田、插秧能手和耕牛，第二天赶去玉枕支援。支部书记们异口同声回答："没有问题，明天一早出发!"

豆巷大队支书李春来放下听筒，立刻通知各生产队挑选出六十个插秧手和二十个犁田手，带上二十套犁具，赶上二十头耕牛，由副书记朱水松带领，连夜赶赴玉枕。临走时，李春来一再叮嘱朱水松：玉枕兄弟为了支援我们作出了很大牺牲，你们一定要保质保量，帮助他们把秧插好!"当朱水松带领社员渡河来到玉枕，从床上把徐进德叫起来的时候，已经午夜一点多钟。徐进德见朱水松扛着犁，赶着耕牛，后面跟着黑压压一大群人，激动得不知如何是好，都还没来得及为他们安排休息的地方呢。可是朱水松说："先不忙这些，你就说把我们分配去哪个队，叫我们插哪一片田吧，明天一早我们好动手。”

第二天一早，来自黎明、山后、屿上、和平、内溪、埭新、崎沟、下地八个大队的一百四十个插秧手和八十多个犁田手，赶着八十多头牛，几乎同时到达玉枕。玉枕洲上顿时出现了紧张热烈的劳动竞赛。各兄弟大队的代表们以实际行动来回报玉枕大队在堵江时对他们的支援。豆巷大队社员林石林在本队时一天犁一亩半到两亩，这几天却一天犁到三亩，而且质量好。他对玉枕社员说：“你们玉枕人风格这么高，我也要向你们学习，趁这机会多给你们做点事。”内楼大队老犁田手蔡文华听说要支援玉枕大队，便抢着报名，生产队长对他说：“你年纪大了，又在本队忙了一个多月，这次就让年轻人去吧。”他说：“帮助玉枕人，再辛苦几天我也愿意。”到玉枕后犁起田来不输年轻人，牛累了，他把牛赶到一边休息，自己却跑到别的田里帮助插秧去了。和平大队有个六十多岁的老农，听到公社表扬玉枕人觉悟、风格多么高，干劲多么大，有点不大相信，这次硬是争取来玉枕，一是来支援，二也是想来看看究竟。他

见玉枕人在这样艰苦的条件下溶了田还插秧，禁不住被深深感动了。有一次他当着徐进德等人说："了不起！了不起！旱成这样还能溶田插秧，你们玉枕人真了不起！我服了！"徐进德说："你年纪这么大，不要累着了，多休息休息吧！"他认真地说："你们能为我们献出肚子，我辛苦几天算得了什么！"

兄弟大队的热情支援也进一步教育了玉枕人。总爷围生产队有一个七十多岁的老农许会，当初堵江时听说孙子许贪吃要去报名参加，气得胡子直翘，指着孙子的鼻子骂他傻瓜，说："你们这是自己找死哩！"孙子堵江回来后，他又说："这会好了，喉咙掐断了，你赶快编个'加子'，等着讨饭去吧！"现在，一天之间突然从对岸开来那么多人马，干起活来又那么认真卖力，老头子觉得奇怪，有一次就问来帮助总爷围犁田插秧的黎明大队的社员："你们是大队派你们来的，还是自己来的？"黎明的社员笑道："老家长，公社是有过号召，但我们都自愿报名来的，你们玉枕人肯把自己的米缸倒给我们，难道我们还不该来帮帮你们的忙吗？"许会回到家感慨地对他的儿子说："想不到我们去支援了人家四十个，他们来了几百个，看来这堵江是有功劳的！"儿子说："是呀，我们年纪大，又少去开会，新道理懂得少，再用老眼光看东西，看不准啦！"

经过四天的抢犁抢插，终于把一千七百零七亩有水的田全部插上了秧，只有二百四十七亩因为实在吃不到水放弃了。

接着，县里又给玉枕照顾了一部分化肥。

小局为大局着想，大局又反过来帮助小局，这便是我们时代一个显著的特点。玉枕人从这次大规模的支援中，又进一步体会到新社会的温暖，体会到"有大局在，就有玉枕在"这个真理的正确性，从而更加坚定了在必要的时候为大局献身的意志。

十、"你们的丰收，就是我们的丰收"

洋西大坝以下的九龙江里，连最后一滴淡水也被抽光了，潮水涨来，再也无淡水可顶，玉枕洲上二十八个水门全部关死了。从九龙江

堵江完成后，整整四个多月，玉枕人发挥了大无畏的精神，战天斗地，竭尽心力，终于未能制伏旱魔。一千六百多亩早季水稻全部绝收，勉强保护下来的五百八十来亩，估计亩产也不过二百来斤。

早季已成定局，现在摆在玉枕大队支委会面前的，是如何带领全大队两千多社员度过这空前的灾荒。正当九龙江两岸的公社社员们欢天喜地地准备开镰迎接早季大丰收的时候，九龙江海口上的玉枕洲却正在为度荒而发愁。

谁也没想到，就在早季开镰不久，老天突然下了一场暴雨，连续五天五夜，莲花公社地区雨量达到四百毫米，发生了严重的内涝。眼看着即将到手的粮食又有被涝灾夺走的危险，全体社员立刻总动员，展开了一场龙口夺粮的激烈斗争。

农历五月一日，玉枕大队正在召开队委以上干部会议，商讨晚季生产计划。这个时期，别人要抢收稻子，他们无稻可割，仅有的五百八十来亩也还没有完全成熟，因此会议经过认真讨论，提出了两个响亮的口号，一个是“农业损失副业补”，一个是“早季损失晚季补”。他们把全大队所有能参加劳动的人都组织起来，兵分两路：一路下海捕鱼，向大海要粮要钱；一路大积海肥，为夺取晚季丰收准备充足的肥料。并且决定立刻动手。

正在这时候，公社党委书记周顺明冒雨赶到了玉枕，对黄狗屎和支委们说：“那边的稻子大部分都泡在水里了，再不抢收回来，花了九牛二虎之力从旱魔手里夺来的粮食，又要被龙口吞走了。”他看了看干部们的脸色，用商量的口吻说：“今年你们为全社早季丰收作出了很大贡献，现在是否再支援一次，派一百个劳力去帮助那边抢收?”

真是屋漏偏遭连夜雨！但是，经过早季严酷考验的玉枕人，已经比半年前更加成熟更加坚强了。黄狗屎略略考虑了一下，当即表示：“大局丰收就是我们的丰收，决不能让到手的粮食受损失！我们同意支援。”

“对!”其他支委也齐声响应，“这丰收是我们丢两千亩换来的，大局的损失就是我们的损失，你们的丰收，就是我们的丰收，要支援就

支援到底!”

黄狗屎把周顺明的要求和大队支委的态度当即向参加会议的全体生产队干部们作了传达，征求大家的意见，大家一致赞成，异口同声地喊：“当然去支援。莫衰小!”

当场由队长们自报各队支援人数，一统计，一百二十名。大家说：“就去一百二十个!”

第二天一早，一支长长的抢收队伍，挑着被卷，提着镰刀，在副大队长蔡臭头率领下，浩浩荡荡，渡河来到了海澄西门，人数不是一百，而是一百二十!

蔡臭头——其实头并不“臭”(指瘌痢头)，头发长得很好，只是身材矮了点；二十九岁了，从没见他生过病。六月天太阳那么毒，他光着膀子干活，从来不戴斗笠，皮肤晒得又红又黑，十足一个敲不烂打不碎的铁只(铁弹)。

在玉枕，甚至在全公社，蔡臭头都是个出名人物。他九岁死了阿爹，刚解放又死了阿母，孤零零一个苦孩子。那时政府号召组织互助组，他串联了三户贫农、四户中农，也办了一个，自己当了互助组长，当时他才十五岁。1955 年春天，这一带开始办初级社，他又联络了两个组联名向区里申请。当时一起申请的有五个，没想到区里批准了四个，独独他那个不批准，说是缺乏骨干，等条件好一些了再办。这一下可把他气坏了，他把另外两个孤儿找到一起，对他们说："区里说我们没骨干，那我们算什么？他不批准我们自己批准，他不叫办我们自己办！"有一个孤儿担心地说："我们年纪轻轻的，啥经验都没有，万一办糟了怎么办？"他说："办糟了再办，怕什么！反正我们三个人，办好了一张嘴，办糟了也是一张嘴。不过臭话说在头里，办社我们是领头的，往后可得把整条心交给社里，不能自私！"就这样，他们东家进，西家出，串联了二十一户，自己办了个初级社，他当了副社长。

谁都没料到，这年早季大旱，他们的收成只够完成国家征购任务，怎么办？是先完成公粮任务呢，还是先留下来作为社员的口粮？他便和社长及几个积极分子商量，说："我们这个社本来人家就没批准，要是第一年就完不成征购任务，人家更不让我们办了。再说，我们解

放翻了身，就应该向前进，要是连国家征购任务都完不成，岂不反而倒退了？叫我说，还是先完成国家任务，人嘛，有手就饿不死！”大家支持他的意见，于是一呼隆将全部收成送去交了公粮。可是这一来，许多社员的口粮成了问题，有些人便眼睛对鼻子地指着他骂，还嚷着要散伙。这可把他急坏了，跑回家将自己过去积存的一百多斤大米，还有准备修船的钱，一点不剩搬了出来，把几位孤儿叫到一起说：“当初我们有话说在头里，如今第一炮打瞎了，我家里还有这么些东西，准备都分给大家，你们家里有什么，也拿出来吧！”孤儿们见他带了头，也说：“我们也莫衰小！”当即回去把自己家里的米呀钱呀的通通搬了来，全部分给了社员。蔡臭头又拿了一元四角钱，到圩市上买了一挑空心菜回来养在河港里，给大家当菜吃，同时马上组织劳力出外替人做水门，下海捕鱼，生产度荒。这一年晚季，他们终于取得了大丰收，秋后分红，还是全县最高的。他们的初级社也因此被正式批准了，他自己也在那时被吸收加入了共产党。

这样一个小伙子，我们大概可以想见他的脾气是什么样子了。

当时，他把一百二十人的队伍安顿在西门桥头后，就跑到公社去找周顺明，问把他们分配去哪个大队。

“二十个到黎明，”周顺明说，“其他都到山后。”

“到山后?”蔡臭头脸色“唰”地变了，怔怔地盯着周顺明，好久才问，“还有别的大队没有?”

“怎么，不愿去山后?”周顺明好像早预料到了，诡秘地笑笑，“去，去，叫你去，你就去。人家是高产大队，最需要支援。”说罢，又特别关照：“臭头，你可注意着！到那边后，割好了，人家一句话；割不好，人家也一句话。玉枕人可是从来莫衰小的!”

蔡臭头像一根木桩钉在那里，应，应不得；走，走不得。一个激动的场面闪电般在他脑子里掠过。

那是1961年夏收结束以后的事了。那年早季，玉枕的生产搞得很不好，国家征购任务还

差十四万斤没完成，社员平均口粮只有十八斤了。当时的党支部书记纪瑞福到公社联系，希望能给玉枕暂借一部分口粮。公社同意了，从豆巷大队借了四万斤，又从山后大队借了两万斤。夏收结束后，公社召开干部扩大会总结早季生产经验，制订晚季计划。山后大队党支部书记杨金海在大会上介绍完山后大队的丰产经验后，突然话锋一转，批评起玉枕大队来，说玉枕干部不相信党的政策，早季不仅完不成征购任务，还向公社借粮，最后问道："这十四万斤征购任务晚季还完不完成？借的口粮还还不还？灯火会不会崩破（即赖账的意思）？"

这一席话像一包炸药，一下子把台下几十名玉枕干部激怒了。这些终年和大海打交道、世代遗传下烈火般性格的玉枕人，哪里听得进这样的批评？蔡臭头、徐进德等当时就从座位上跳起来，争着要冲上台去讲话，许多小队干部也怂恿他们："上去，讲大声点，就说把他们的两万斤粮食全部退还给他们！""我们宁愿饿死，也不向山后人伸手！""太欺侮人了！"支部书记纪瑞福怕蔡臭头上去说出不好听的话，抢先一个箭步蹿到讲台前，高声说道："早季生产我们有缺点，我们自己知道，但玉枕人从来莫衰小，山后的两万斤粮食，我们马上退还给他们！粮食不够，我们向海里去要！早季十四万斤征购任务和其他借的粮食，晚季一定偿清，哪怕不吃饭也决不拖欠一粒！"开完干部扩大会，大家回到玉枕洲，又到处大喊大叫，叫得所有人都知道了。没想到这一叫，倒把社员们的干劲激发了起来。大家说："干他一场，叫山后人瞧瞧我们玉枕人长的什么骨头！"憋着这一股气，大干了一个晚季，收成后一算，亩产达到了六百零八斤半，比前一年增产了一百零八斤半，竟是一个大丰收。谷子一干，就把早季没完成的十四万斤征购任务连同晚季的征购任务一起完成了，借的口粮也全部还清了。

那以后，玉枕人就对山后干部抱了成见，尤其是蔡臭头。现在，周顺明要他们去帮山后抢收，他怎么想得通？周顺明也早看出了他的心思，便严肃地说："这是抢救国家财富，可不是闹个人意气，懂吗？"

这话生了效，蔡臭头脸一红，说了声：

“好，我们去!”掉转身就走。

周顺明又对着他的背影大声警告道：“臭头你记着，要是到了那里你们挖臭孔（闽南话，揭疮疤的意思），回来我找你算账!”

蔡臭头一口气跑到西门桥头，把公社的意见一讲，还没等大家发牢骚，就大声说：“我们是去为国家抢收粮食，不是去向山后认输。这一阵县里和公社一直表扬我们风格高，要是眼看着国家粮食受损失不去抢收，还算什么风格!”紧接着又说：“到那里后谁也不许挖臭孔，只拼出劲来干活，让山后人瞧瞧我们玉枕人是不是衰小!”说完就亲自领头向山后走去，一边走一边还不停地给社员做鼓动工作。

本来，蔡臭头他们还以为到了山后会受到冷遇，谁知走到一看，山后的干部社员对他们非常热情，杨金海和其他大队干部亲自为他们倒茶递烟，一再对他们的支援表示感谢，反倒弄得玉枕社员不好意思起来，干活也更加卖力了。稻子倒得很乱，他们不怕累，休息也不舍得。山后有些社员胆子小，不敢走跳板爬到小山一样的谷堆上倒谷，玉枕人二话不说就接过担子挑了上去。五天下来，山后社员平均一天割三分地，玉枕社员平均割五分，质量还很好。临走那天，山后社员特意炒米粉请他们吃，临了又凑了两百斤桃子送给他们。他们不要，山后人就绕道送到半路上等着，说是一定要他们“带回去给孩子们尝尝”，把个暴脾气的蔡臭头也感动得不知说什么好了，连连说：“哈，真没想到一次抢收，把积了一两年的意见都抢跑啦！”

蔡臭头他们回到玉枕的前一天，公社又捎信给玉枕，要他们再支援一批劳力去帮下地大队抢收。大队二话不说，又抽调了六十个社员，由蔡昌领队急匆匆赶去下地。

蔡昌不像蔡臭头那样冲，平常不大爱说话，但名声不在蔡臭头之下。尤其是带队支援堵江后，他的名字几乎传遍了全县。

蔡昌带着抢收队到下地的第三天晚上，哗哗啦啦下了一夜雨。第四天清早，刚准备吃饭，下地大队第二生产队队长忽然神色紧张地跑来找蔡昌，说：“洪水已经到上面的罗坑大队了，我们桥头港那边还有四十多亩割倒的稻子没有

运回来，怎么办?”蔡昌把刚刚端起的饭碗一放，说：“你带路，赶快抢救!”回头对正在吃饭的玉枕社员喊道：“会水的，跟我走!”顺手操起一捆绳索就跑出门去。正在吃饭的二十七八个玉枕社员见蔡昌一走，也顾不得吃饭，各人抓了一捆绳子也跟着跑出来，一口气跑到桥头港。

这桥头港原来是一条小溪，溪面很窄，这时已经涨得有二十多米宽，河上的桥也被冲断了。先期到达的下地社员望着这汹涌湍急的洪水，面面相觑，光站着着急。蔡昌赶到河边，二话没说，扒下衣服往地上一扔，喊了声：“玉枕的，跟我来!”就带头跳进了滚滚的桥头港，向对岸泅去。爬上岸一看，这么多稻捆，要运过河去显然已不可能，便指挥与他一起泅过河来的玉枕社员，将稻捆一捆一捆抱到田岸上，用麻绳将它们和岸边的长草绑在一起。大约一个小时后，洪峰到达了，很快漫进了田里，这时有人跑来对蔡昌说：“快回吧，再迟就过不了河啦!”蔡昌回头一看，原来是五个跟玉枕人一起泅过来的下地社员，便对他们说：“你们水性不好，先回去吧，我们再抢救一会儿，能多抢救一些就多抢救一些!”说完又抱起稻捆走了。洪水很快淹到了大腿，淹到了胸口，他们还是不停地忙着。直至淹到了脖子，水流急得站都站不住了，蔡昌才挥了一下手，带领玉枕社员泅回村来。这时河面已涨到六十多米宽了。事后统计，这一次他们共抢救了三十多亩稻子，前后约三个小时。

回到村里后，下地大队党支部书记买了饼干、带了茶水来慰问，玉枕的社员却十分惋惜地说：“你们怎不早一点跟我们讲?不然那十来亩也抢救下来了!”

第二天，洪水退去，蔡昌他们又帮下地社员把那片抢救下来的稻子运回来。这些稻子都已糊满了泥浆，一甩一身泥，有些下地社员有些畏难，蔡昌对他们说：“你们和水打交道得少，还是打干净的去吧，这些让我们来!”又把打这批泥浆稻的任务包了下来。下地社员感动地说：“堵江时你们把自己的米缸倒给我们，这会儿又帮我们把粮食从洪水里夺回来，你们玉枕的风格就是高!”蔡昌却笑笑说：“你们的粮

食就是我们的粮食嘛，公社社员是一家，还讲什么你们我们!”

紧接着蔡昌那批抢收队员后面，玉枕又组织了一百零二个和五十个两批社员帮助罗坑大队和埭新大队打谷，十六石、大沙、大社等生产队还自己组织了六十多人外出支援。整个夏收期间，玉枕共计支援了山后、豆巷、黎明、屿上、和平、内溪、埭新、崎沟、下地等九个大队，三百九十多人次，先后一个月。这些受支援的大队的社员说：“今年早季的丰收，第一靠党的领导，第二就要感谢玉枕人的支援了。”

十一、“早季损失晚季讨”

夏收结束，玉枕二千二百零七亩早稻只收获了五百八十亩，总产量十五万斤，平均亩产二百五十斤，只完成了计划指标的百分之十多一点。十八个生产队中有五个绝收。

面对着如此惨重的损失，有些本来就对堵江思想不大通的人便又发起牢骚来了。有的说：“这一下粮缺钱无人挫（挫伤，没干劲的意思），看还怎么搞晚季！”有的说：“一冬（季）咸，三冬歉，晚季也完了！”

这时候，大队党支部考虑的倒不是“粮缺钱无”，只要有人有手能劳动，靠着大海，还怕饿死？他们担心的是“人挫”，如果社员们精神受了挫伤，丧失了信心，那就真的完了。所以他们经过反复讨论后认为，当下首要的任务是要大家正确认识眼下的困难，鼓起信心，争取晚季丰收。大队干部们分头深入各生产队和社员家庭，采用开会、谈心等形式，做思想工作，而主要的方法，仍然是回忆对比。

那一段时间，作为两千多人生产生活的当家人，黄狗屎的思想负担很重，但人们看见黄狗屎仍然走到哪里脸上都挂着笑，不管和谁说话仍然像做报告一样大声说大声笑，一点看不见忧伤的样子，有人说他：“都这个时候了，你还有心思笑？”他即大声答道：“为什么不笑？你想想，1946 年旱季只旱了七十五天，玉枕就全洲绝收，结果饿死了一人，吃代食品中毒死了六人，有十四个人卖壮丁，死了十一个，有十二户卖了十三个儿子、两个女儿，有六个外出当乞丐，还有百分之八十的农户借高利贷，劳力四出谋生，典当衣服、出卖家具的难以计数。可是今年呢，旱了两百五十三天，还收了十五万斤。你们说，同样一个玉枕，为什么两样光景？就因为社会不同了，领导变了嘛，过去是国民党领导，现在是共产党毛主席领导嘛！只要有共产党毛主席领导，再大的困难我们也一定能战胜！”有些上了年纪的老社员也用亲身经历给大家鼓劲，比如有个叫王卖的老农就说：“我活了六七十岁了，不曾见过旱这么久，水这么咸；不曾见过九龙江水走偏道，倒流灌溉；不曾见过跨几重山越几条溪到漳浦买秧插玉枕的田；更不曾见过硬插下去的秧还有收成。照我看，晚季生产有希望！”

可是，实际困难仍然摆在面前：社员的口粮标准很低，生活也很紧张，生产队也缺少生产资金，等等。怎么办？正发愁的时候，国家的支援又到了：首先是供应了二十万斤口粮，接着又拨来一千五百元生产队生产资金救济款，三千五百元社员生活救济款，另外又贷款一万四千元、借粮一万八千斤作为购买化肥之用，在化肥分配上，额外照顾玉枕每亩五斤。

这些支援虽然并没有完全解决玉枕的困难，但却大大鼓舞了玉枕人大搞晚季生产的决心和信心，再听到有人说堵江是“好了别人，坏了自己”，他们就当即反驳说：“怎么样？我早说过，大局不会忘了我们，这不，说来就来了！”

大队党支部趁着这有利时机，把原先提出的“早季损失晚季讨”的口号具体化，编成四句顺口溜：“早季受灾减收成，晚季一气讨完成，面积保证二千七，单产要达七百斤。”同时将可以利用的劳力分成两路：一路人搞捕鱼等副业，生产自救，每天出动五百人，向大海要粮要钱，只一个月，收入就达两万两千五百元，贴补了社员生活和生产队的费用；一路集中精壮劳力五百人、一百条船，远出海门岛、海沧、可后等地挖海蚶、捕乌鲇、捉螃蟹（做肥料），并且组织一部分劳力继续大挖河泥，只一个月全大队共积肥料一百四十四万担，给每亩晚季田在原有四百担基础上增加了五百多担。

这时候，全县都在开展“学山后、赶山后”的秋季高产运动，玉枕大队的干部们也摩拳擦掌，跃跃欲试，虽然他们的土地和自然条件差山后很远，但当他们听说山后晚季要争取亩产八百斤后，明里仍叫保证七百斤，争取七百三十斤，暗地里却把争取目标也定为八百斤，订技术，下措施，都按这个要求来做，并且加紧向山后、黎明等高产大队学习耕作经验。

有一次，黄狗屎到公社开支部书记会议，恰好和山后大队党支部书记杨金海住在一间屋里。晚上闲谈中，他听杨金海说到要争高产一定要抓平衡，便暗暗记在心里。会后回到玉枕，当即召集支委和生产队队长们研究，他说："山后这条经验很有道理。玉枕历年来产量很不平衡，高的八九百斤，低的只三四百斤，且占了全部耕地的一半。如果我们能把这一半低产田改造成高产田，岂不就能赶上山后了?"大家觉得有理，于是便具体研究起生产中的薄弱环节来。

洲尾新沧围那片三百五十七亩地土质最差，之前只种单季，1954 年改种双季后产量也很低，晚季也只能收四百来斤，便决定从这一片入手改造，并由黄狗屎亲自负责。从此，黄狗屎便天天和社员们一起，用小船从洲中往洲尾运肥料，给每亩田里又增加了五载土肥（一载六十担），接着又第一批给这片田插上秧（过去都是最后插），田间管理也作了不少改进，如追肥时把过去的撒施改成点施等等。

为了多产粮食，各生产队还多方设法扩大耕地面积，在十五公里长的围洲大堤附近，有许多大窟窿，那是“八二三”修堤时挖下的，便由副大队长蔡臭头负责，带领社员从堤外挑了近四十万担土，把全部窟窿填平，改造成了十三亩左右的水田，并且插上了秧。

过去耕作非常粗放、产量极低的秧田的插秧和管理也作了很大改进。过去秧田的秧拔完后，都是用扦担戳个洞插一丛秧就算了，管理也极粗糙，一般晚季一亩只能收三百斤左右。南围队外北围有十三亩秧田，这回秧拔完后，大队党支部副书记陈凉冷亲自带领社员给每亩挑了六百担土肥，再下了十五斤花生饼，接着又犁了一遍耙了一次才插秧，以后又追施了两遍肥田粉，使秧苗长得赶过了一般大田。

在插秧时，各队普遍增加了每丛秧的本数，

结果几乎所有队都缺一部分秧苗，许多社员都自动把准备给自留地插的秧苗让给了集体。草洲一队的黄原刚从豆巷大队地内小队买了一百把秧准备插自留地，听说生产队正好还缺百来把，便全部挑去给了生产队。他对队长说："集体要紧，我的自留地买不到秧苗可以种地瓜。"

整个晚季生产过程中，大队还多次组织干部社员到山后大队参观取经。农历七月底，稻子长一尺多高时，黄狗屎到山后去看，发现山后每丛稻一般都有二十五株左右，而玉枕的每丛稻要比山后少五株，便马上组织全体社员挖了十天海蚬，下到田里。八月中旬又去参观时，见山后烤田时间很长，田板烤得很干了还不进水，而玉枕过去一般只烤两三天就进水了。回来后他们也学山后烤了十五天，结果稻秆长得又粗又硬，解决了长期没有解决的倒伏问题。九月，稻子孕穗的时候，长势很好，可是黄狗屎到山后一看，比山后的还是差一点。回到洲上跟队长们一说，队长们不相信，他便又带着队长去实地参观，这才信了，大家说："回去再加肥，还赶得上！"本来公社分配给他们的还有两万斤化肥，他们已不打算再买，这时又把剩下的一千五百元贷款取出来，干部还带头把家里搞副业、卖猪的钱投资给队里，又买了一万五千斤。围仔一队社员郑斗卖了一头猪买回八十斤肥田粉，原打算拿三十斤下自留地，另外五十斤转卖给别人，听说队里稻子长得比山后差，当即把八十斤肥田粉全部送去给生产队，说："还是先给集体用，自留地的我们再积人粪尿。"在他的带动下，全大队又有六十户把卖猪买回的肥田粉让给了队里。

正当晚季水稻扬花灌浆、最需要水的时候，忽然又遇到了七十五天掐脖秋旱，位于洲尾的新沧围水门没有淡水可进了。管水门的大沙生产队五十岁的蔡金急得团团转。

蔡金从 1961 年负责管新沧围水门后，就带上儿子一直睡在水门旁边一座小房子里，饭也自己做，一个月难得回几次家。他住的小屋旁边是五个生产队的牛栏，关着二十多头牛。有一天晚上，他躺在水门旁边候潮水，蚊子很多，他左打右拍打不尽，正生气时，忽然想到了生产队的牛栏，心想这么多蚊子牛也一定够受的，

当即爬起来跑到牛栏里，找来一把稻草扎“草龙”，用火点着，给牛熏起蚊子来，一直到潮水来时才跑到水门去放水。从那以后，他就常常跑去给牛栏熏蚊子，有时还帮牧童放牛饲草，无形中成了几个队的义务牛栏管理员。就是这样一个热爱集体的老社员，到了这个紧急关头，还能不着急吗？

有一天，蔡金跑到挂奢围水门去，找着管水门的博士队的许忠厚，对他说：“忠厚呀，新沧围那边一滴淡水都没有了，我想跟你商量商量，是否你这里多进点水，放一点下去救救急呀？”挂奢围水门的水也不宽裕，但许忠厚还是同意了，蔡金高兴得连声说：“我来帮你！”回去把新沧围水门一封，抱上被子就到挂奢围来了。可是五天过去，挂奢围水门的水也不多了，许忠厚为难地说：“金呀，不行啦，再放水下去，挂奢围这七百多亩田也完啦！”蔡金见事实如此，便又跑到通天围水门去。

通天围水门是全洲进水最好的一个水门，管水门的叫蔡补鏕。那天他刚好从水门回家，蔡金找到他家里，把想借一些水救新沧围的事一说，蔡补鍋就装作为难的样子说：“恐怕不行，我这边水也不多了，水质也不好。”蔡金知道他是不肯借，便说：“通天围是全洲最好的水门，谁都知道。刚才我去看了，放几天水没问题。”蔡补鍋凡事爱计较，知道蔡金也是老水门，骗不过，只好实话实说：“看水门的工分是固定的，进水多，就要多花工，这工分谁出？再说，晚上守水门时间长了，夜点心也没法解决。”蔡金说：“水门我帮你看，工分我也不要，夜点心我去向大队反映。”蔡补鍋说：“放水这事我也作不了主，你还是找干部商量去吧。”蔡金见他不肯，就直接去找黄狗屎。黄狗屎当即和他一起去找十六石队和博士队的干部商量，有的干部担心先进的好水放下去了，后进的水会变咸，蔡金说：“你们的田水我都看过了，现有的水可以管两天，我们只要再放三天水就可以了。至于淡水咸水的问题，你们放心，由我负责，保证大家都吃到淡水。”就这样，蔡金又把被子一抱来到了通天围水门。

别人看水门都睡在水门边，通天围因为水好又多，蔡补鍋便睡在家里。他见拦不住蔡金

放水，便想了一个办法，每天迟一点到水门，迟一点开闸（开闸还得由他开），好少放点水下去。蔡金知道他的心思，潮水还没来，便跑到他家里去叫他。蔡补鐊见这一招还挡不住，便又想了一招，进水才一会儿，就喊："水咸了，不能进了。"蔡金捧起一捧水尝尝，说："这水不咸，很好，再进一会儿没问题。"蔡补鐊见几招都挡不住蔡金，只好泄气地说："金呀，你这样辛辛苦苦能得几个工分？怎这么死心眼呢？"蔡金笑道："坐这条船就得爱这条船，三心两意，脚踩两条船不行！"进完水，蔡金还不放心，一个人又沿着港道去检查，到八石围，发现白天破开的缺口里不知谁平平地放了两块大石板，水流下去得很少。他骂了一声，"扑通"跳进水渠里，也不知哪里来的那么大力气，把两块一百六七十斤重的大石板愣是抱起来扔到了岸上。

就这样，一连三天，蔡金每天又看水门，又巡港道，终于把水放到了洲尾，救活了新沧围的秧苗。

在玉枕，像蔡补鐊这样的人毕竟很少。就在这次放水后不久，也是在这两个队里，还发生了这样一件事情。

那时候，洲尾有一千来亩水稻田受旱起咸，大队决定从洲头引水到洲尾抢救。通水的港道在十六石队和博士队之间被一道堤坝挡住了，堤坝上是两个队的两百亩水稻田，也正在放水灌溉。要破堤让水，这两百亩就得暂停进水。黄狗屎和徐进德去找这两个队的队长商量，十六石队队长和队委满口答应，说："可以可以，旱季为了保人家十万亩我们都可以绝收，一千亩比起我们一百亩也是大局，为什么不可以?"博士队队长王如开也欣然同意："堵江都去了，让点水救一千亩算得了什么，你们破堤去好了。"见两个队长都没意见，黄狗屎和徐进德便各拿了把锄头准备去破坝。谁知刚走出博士村不远，忽然从村里追出两个人来，一边跑一边喊，还一人拿一把锄头。黄狗屎他们以为是社员阻拦来了，便停下来等他们，谁知走近一看，竟是队长王如开和社员高乌吉，只见他们气喘吁吁地笑道："我们也来发挥一下风格，帮你们破堤!"说完，就抢先跑到坝上，抡起锄头，噼里啪啦，一会儿就挖了四五尺宽一个缺口。黄

狗屎连忙说："行了行了，别再挖了！"高乌吉停住手看了看，摇摇头说："不行，太浅，这样水流得太慢。"说完把裤管一卷，跳进水里，抡起锄头又挖起来。

水一直放了两天一夜，洲尾一千亩田终于得救了，这两个队港道里的水却剩下不多了。两队社员不发半句怨言，从家里扛出水车（玉枕的田基本上都是自流灌溉，很少用水车车水），架到港道里，便高高兴兴车水灌起田来。

玉枕人为了弥补早季的损失，发扬抗天斗地、团结互让的风格，就这样狠狠干了一个晚季。

晚稻成熟的时候，你站在九龙江边的堤岸上去看吧，只见浩淼的碧波里，漂浮着一片金黄的稻海，那椭圆形的、被十五公里长的海堤团团包围着的玉枕洲，像一艘满载丰收的航船，正从九龙江驶向波涛翻滚的大海。

玉枕人盼望了整整一年的大丰收终于到来了。这时候，多少人激动得坐不安立不宁啊。人们一丘田一丘田地估着产量，计算着，跳着，笑着，奔走相告："计划实现了！七百斤只多不少！”

黄狗屎和大队干部们走遍了全洲所有土地，估计出一个平均亩产数字：七百二十八斤。

草洲一队八十岁老人徐石，早季堵江时曾用“没有共产党就没有玉枕洲”的话来说服有抵触情绪的人，这时候也忙得不可开交。他从家里要了一捆稻草，找条小凳子坐下，白天黑夜搓呀搓呀，整整搓了七天，搓成了五千四百条六尺长的草绳，送去给队长蔡方六：“给，捆稻子的！”此后，每天大清早起来，他总要到村子周围的稻田里转一转，捧起狗尾巴一般的稻穗啧啧称赞：“好稻，好稻！能打六百七八！”大队长徐进德说：“我们估了七百二十八斤呢。”徐石笑笑，摇摇头说：“不要心太狠了，六百七八就不错啦！我活了这个岁数了，哪曾见过这样好的稻子！七百多，嘿，那是海澄那边的产量。”开镰以后，他挑了一分田亲自动手割倒晒干，一称，九十斤！赶快跑去对徐进德说：“进德，有，有，七百斤打得起来！嘿，奇迹！奇迹！真是奇迹啊！”这以后，他就天天坐到打谷场上赶鸡鸭，守稻谷，兴趣来了，便爬到七尺

高的高凳上，捧着畚箕帮社员扬谷子。有时候给田里送午饭的人手不够，他就拄根拐杖，挑起五十来斤重的饭菜送去，有一次他送饭到挂奢围，趁大家吃饭时一个人跑到田里，捧起一捆稻子，自言自语地发感慨：“稻子呀稻子，我在这丘田里种过几十年水稻，最好的年景也收不到五石（三百五十斤），今年你为什么长得这样好呢？真是解放天！解放天！”

在总爷围生产队，那个老来很少出门、曾坚决反对孙子许贪吃去堵江的七十多岁老人许会，这时也坐不住了。他听孙子说生产队估产七百斤，摇摇头说：“今年稻子好我相信，七百斤是你们年轻人乱说，我估产最有把握，明天你叫队长陪我去看看，我帮你们估。”第二天，他跟队长到田里跑了一圈，摸着胡子笑道：“我从黑毛长到白毛，种田种了五六十年，从来没见过这样好的稻子！过去只知道一冬咸三冬歉，不相信你们说的早季损失晚季讨，这次信了！”开镰的第一天，他就找队长说：“我老了，力气活做不动，可还有点技术，我帮你们上船堆稻捆子去！”从此便跟着运稻子的船往来在河港上，别人把稻子挑上船，他就一捆一捆叠起来，来来去去，一直干了半个月，直到秋收结束。

这就是玉枕人在1963年秋收季节时的心情。

可是，收成结算的结果，全大队平均单产不是徐石估计的六百七十斤、六百八十斤，也不是大队干部估产的七百二十八斤，而是七百七十一斤！比1962年晚季增产了一百七十四点四斤，比历史上最高的1957年增产了一百六十五斤，离高产模范山后大队的八百斤只差二十九斤。尤其是在抓平衡生产方面取得了特别突出的成绩，除去极少部分田地因灾减产外，过去最差的如新沧围也都在七百斤以上。全大队两千七百多亩晚稻共收获了粮食二百零八万一千七百斤。特大灾年取得了特大丰收！

十二、玉枕人，向你致敬！

秋收结束不久，一个激动人心的消息传开了：1963年，龙海县全年水稻亩产达到了一千零八十斤。龙海四十五万人民多少年来的梦想"水稻亩产千斤县"实现了。

到处都激荡着笑声。人们怀着深深的感激的心情，谈论着“榜山风格”和“玉枕风格”。在这欢庆丰收的日子里，人们不禁在心底里默默地思谋着，该为那些为了保全大局而勇敢地牺牲了自己的局部利益、为了“保车”而“丢卒”、为了“钓大鱿”而“撂鲫鱼”的兄弟做点什么呢?

有一天，莲花公社党委书记周顺明来到崎沟大队。这个大队今年因得九龙江水的灌溉而取得了大丰收，人们正在怀念玉枕人呢。铺顶生产队社员蔡安徽见了周顺明，第一句就问:“周书记，玉枕大队生活还过得去吗?”

“完成征购任务后，生活是可以过得去，”周顺明说，“不过明年再生产的资金怕有些困难。”

“那怎么行!”蔡安徽一听着了急，“明年生产要上大家一起上，有福大家享，有难大家当嘛!人家玉枕不惜牺牲自己支援我们，如今我们丰收了，难道不该分担分担他们的困难?”说完就一气跑回生产队，跟社员们一讲，大家当即自报卖余粮两千斤，支援玉枕兄弟。向吴、崎沟、曹厝生产队的卢大龟、吴三尖等八个社员听说铺顶生产队在多卖余粮支援玉枕，也急忙跑到大队自报，要以个人名义再卖九百斤余粮，蔡细万说："吃茄要念蒂，丰收不能忘记玉枕人，即使叫我家每人少吃十斤粮，也不能看着玉枕兄弟受困难。"

这种一家有难大家分担的热情，在11月中旬莲花公社召开的干部扩大会上达到了高潮。当公社公布各大队征购任务后，许多代表都表示要多卖余粮，减轻玉枕的负担。原来是讨论本队征购任务如何完成的会议，竟一转成了讨论如何支援玉枕的会议了。玉枕人曾经泅水帮助抢救稻子的下地大队第二生产队当场自报再卖一千五百斤。第六生产队队长刚报了一千五百斤，社员代表蔡火炮赶紧补充说："一千五少了点，报两千。"说着转身拍拍队长的肩膀说："小伙子不用怕，我回去只要问社员们三句话：一、今年丰收从哪里来？二、我们自己好要不要大家都好？三、玉枕有困难要不要帮？别说两千，再多些也拿得出来。"罗坑大队有个队长刚报了一千五百斤，社员代表苏海清接上说："我

丰　收

个人再卖一百斤，表表我的心意。我们不能过了桥就扔拐杖。”全社二百多个生产队，队队都自报超额，一统计，十五万斤！

一些玉枕人在支援别人时常说的话，现在被更多的人一再地重复着。

兄弟大队是这样热情地相帮，玉枕人自己又怎么样呢？

公布征购任务以前，公社党委江副书记怕玉枕埋怨征购任务太重完不成，特意将黄狗屎找到一个没人的房间里问他：“你们原定的任务是一百八十万斤，县上决定减免五十万斤，还要完成一百三十万斤，有困难吗？”

黄狗屎不假思索就回答道：“没问题，如数完成！”

江副书记还有点不放心，又问：“你再考虑考虑，看是不是发动其他大队支援一部分？”

“其他大队也有任务嘛，”黄狗屎说，“我们完成一百三十万斤以后，平均口粮还有三十斤，不够，还可以向大海去要，困难难不住我们。”

小组讨论的时候，公社黄社长特地跑到玉枕组去旁听，打算在必要的时候向他们作些解

释。没想到玉枕的代表们一口把任务应下了，异口同声地说："旱季国家已经支援我们二十万斤了，这次任务没问题，能完成。"围仔一队队长郑杉说："国家支援我们的多，兄弟大队支援我们的多，我们支援国家和兄弟大队的少，我们不能再叫大家为我们分担任务了。我这个队不管分配多少任务，都保证完成。"最后，大家推举邱井泉代表玉枕到大会上发言，邱井泉说："兄弟大队对我们的热情支援，我们都心领了。我们今年的丰收是在国家的帮助和兄弟大队的支援下才取得的。我们玉枕人常爱说'没有共产党就没有玉枕洲'，共产党的恩情任怎么也报答不完。今年旱季我们已经给国家造成了损失，这一百三十万斤任务我们保证全部完成，一粒不少，算是我们向党表的一点心意！"

会后，仓头大队党支部书记蔡霜找着黄狗屎，一把拉住他的手感激地说："胡头，谢谢你们，太谢谢你们了！今年要不是你们的支援，我们仓头可得全完蛋啦！我们已经决定超售一万斤，也是表表我们的心意。"

"不，不，"黄狗屎赶紧说，"你们仓头底子薄，社员生活水平还不高，我们怎能要你们支援？”

一个硬要支援，一个硬是谢绝，争执不下，黄狗屎索性跑到公社党委去表示决心，要求公社无论如何不要收下仓头的支援粮。

最后，还是公社党委做了一番说服工作，玉枕人才同意接受大家的盛情，自己完成一百一十五万斤，其他十五万斤由大家代为完成。而后来入库的结果是：兄弟大队送来的支援粮不是十五万斤，而是十九万斤！

玉枕人的崇高风格的影响还远远不止在本公社。1964年1月，龙海县在海澄镇召开了一个八千多人参加的劳模会和四级干部会，在这个大会上，“玉枕风格”和“榜山风格”一样受到了所有代表的热烈赞扬，并被列为全县十五面“红旗”之一，提出“崇高风格学玉枕”的口号，号召全县向玉枕人学习。玉枕人和玉枕洲的名字在人们心目中变成了光荣的象征。代表中有一位港尾公社的姑娘，有一次去海澄医院看她住院的母亲，母亲高兴地对她说：“有人想给你介绍一个对象，我已经答应了。”姑娘一

听母亲包办婚姻，当即表示反对，并问是怎么回事。原来与母亲同病房住着一个玉枕姑娘，姑娘的母亲经常来医院探望，一来二往，便和港尾姑娘的母亲混熟了。港尾姑娘的母亲从她和医院其他人的口中得悉玉枕是一个“四多”（粮多、草多、鱼多、钱多）的好地方，又见别的人那样夸奖玉枕人的革命英雄主义精神和共产主义风格，心里就活动起来了。所以玉枕姑娘的母亲一提婚事，她便顾不得病未痊愈，迫不及待地跑到玉枕渡口去相亲（因为那个对象是玉枕渡口的摆渡工），看小伙子不错，就代女儿答应下来了。女儿早已听说玉枕人的事迹了，这次会议上又看到大家对玉枕人那么尊敬、那么赞扬，听母亲这么一说，便不再反对，还趁着开会空隙，偷偷跑到渡口去看，后来更大胆地跟那个小伙子搭上了话，交上了朋友。不久，母女俩回到港尾家里，母亲把这桩亲事与姑娘的父亲一提，父亲嫌路远不同意，母女俩便一起向他夸耀玉枕人如何“风格”，玉枕洲如何富裕，很快也把父亲说服了。我到玉枕洲采访的时候，有一次在渡船上，我们同那个青年摆渡工开玩笑，问他什么时候请我们吃喜糖，小伙子还挺腼腆的。

过去被人们称为“有女不嫁玉枕洲”的小小土洲，如今竟成了人们心目中向往的地方！过去自叹为“做长工，当乞丐，终年流苦泪”的玉枕人，如今竟成了人们心目中的英雄！这中间包含着多少深刻、巨大的变化呀！

“崇高风格学玉枕！”这便是龙海人民给予玉枕人的最高的荣誉。

“崇高风格学玉枕！”这便是玉枕人艰苦奋斗一年，为自己在1963年中的表现所作的最好的结论。

玉枕人，你是勇敢的人，坚强的人，无私的人，崇高的人，光荣的人！

玉枕人，向你致敬！

1964年2月初第一稿写于玉枕洲，1964年“五四”青年节第二稿写于莲花公社，2008年6月16日至7月10日重写于福州白马河边醒庐

莲花公社卖余粮

又要堵江了！

1964年4月下旬，因为修改报告文学《玉枕人——1963年纪事》，我到玉枕洲作补充采访。

刚到龙海县，就听说闽南地区又遇到了严重的春旱，莲花公社已有六七千亩稻田断水，东园公社也有一万多亩稻田受旱起咸，沿海丘陵地区的港尾、浮宫等公社，旱情就更严重了。

“县委已决定，再堵九龙江，”县委办公室的同志告诉我，“这几天就动手。”

一听说堵江，我便很自然地想起1963年那场惊天动地的堵江大战。也就是在那一场考验人的意志和战斗力的伟大斗争中，出现了著名的以“丢卒保车”为主要内容、充满共产主义精神的“榜山风格”和“玉枕风格”。

于是我连忙赶到莲花公社。公社党委书记

周顺明听我说要去玉枕，便说：“好啊！昨天公社开大队党支部书记会议布置堵江任务，胡头也来了。”胡头就是玉枕大队党支部书记黄狗屎。

“他怎么说？”我连忙问。

“满口赞成！”周顺明用赞许的口吻兴奋地说，“他说，国家和兄弟大队对我们这么支持，现在要我们作一点小牺牲，怎么会有意见？小局服从大局，没说的！”

“这次他们还出人吗？”

“出，当然出！去年堵江就多亏了他们，这次是县委直接提出的要求，要他们出三十个打桩手。昨天我把县委的意见一说，胡头就拍胸脯喊：‘出三十个，没问题！’”停一停，周顺明又接着说，“这次堵江，我们公社除派民工外，还要出五十条船。这本来没有玉枕的任务，可是胡头对兄弟大队的支部书记们说：‘你们的底子我清楚，船只都不多，这样吧，你们能去多少就去多少，剩下的我们全包下。’结果又包下了二十条船。昨天晚上本来还要研究农用船的问题，胡头考虑到时间紧迫，便请了假，连夜赶回洲上发动社员去了。”

我长长吁了口气。胡头的言语行动使我十分兴奋，我迫不及待地想知道他昨晚发动群众的情况和全体玉枕社员的反应，于是连茶也没顾上喝一口，又拉了公社报道组的老方（方渊泉），急急忙忙赶到渡口，跳上渡船，向九龙江入海口的玉枕洲赶去。

赶到玉枕洲，才是早上九点钟光景。黄狗屎正蹲在供销店的门槛上，和县水利局下来的一位干部谈论堵江的事。褪了色的蓝布短袖上衣和裤衩上，溅满了星星点点的泥点子，看样子是刚从田里被叫回来的。

见了我们，黄狗屎马上从门槛上站起来，高兴地拉着我的手，还没等我问便自己说起来：“这一次十分爽快！昨晚生产队长会上，谁也没提不同意见，还当场决定去四十一个打桩手、二十条船。”

我要求他说详细点，他便又讲起来。

昨天晚上，胡头从公社回来，当即召集八个支委和十八个生产队队长开紧急会议，他把

县委堵江抗旱的决定一传达，大家就嚷嚷起来。副大队长蔡臭头第一个叫道：“去年那一次我有‘思想’，这次没有了，一定要保持风格红旗，莫衰小！”过桥生产队队长蔡份马上接过去：“你们说吧，船要多少由你要，人要谁去任你挑。”大家都说：“不干便罢，要干就干得漂亮，人数不能比去年少，再增加十个，去四十！”

黄狗屎说：“这次去堵江的人应该比上次更好，我提议三条标准。第一，政治觉悟高；第二，过去参加过堵江，有经验，有技术；第三，身强力壮，能下水。合这三条的就去，不然就不去。大家看怎么样？”

“对！只能一年比一年好，决不能退着走。”大家异口同声响应，“我们就来挨个儿挑选！”

于是，他们就从洲头草洲一队开始，一队一队挨次往洲尾挑选起来。

“我们队的许贪吃上次堵江去了，表现得很好，还出了不少好主意，又有技术，我看可以去。”草洲一队队长说。

“他正参加护坡专业队在文成围砌护坡，不知好不好抽？”有人担心地问。

“那还用问!”护坡专业队的副大队长蔡臭头大声说，“先服从堵江需要，那边人不够，内部再调整呗。”

挑来挑去，挑了三十九个。

“那么谁领队去?”黄狗屎问。

“上次是我领的队，这次当然还是我去!”支委蔡昌抢先报名。

“不，我从来还没出去过，这次该轮到我了。”大队长徐进德赶紧争取。

“你们小伙子都在家里，这次让我老将出马!”副书记邱井泉也不甘落后。

“不行，不行!你们都在家里，我去!”烈性子的蔡臭头急得跳起来大叫，“谁不服，我们比一比!”说着就将袖子一撸，往中间一站，摆出一副决斗的架势，乐得大家都笑起来。

“臭头去是合适，”黄狗屎说，“可是他不会讲普通话，到工地后要联系个事什么的怎么办?”

“我去给他做翻译。”复员军人、大队民兵队长蔡海根自告奋勇。

争了半天，名单定下了，一共四十一个，

比县委要求的人数增加了十一个。蔡臭头接过名单一看，乐得跳起来叫道："哈，两个支委，六个党员，二十二个团员，玉枕半个党团支部搬去堵江啦！"

说到这里，黄狗屎也忍不住笑起来："嘿，昨晚你没来，那情景，真跟挑驸马一样呢！——今晚各生产队准备分四片开社员会，让大家再讨论讨论。"

我们正说着，从那边堤上走下两个人来，前面一个，正是龙海县县长杨保成。我们当即迎上去。他热情地拉住胡头的手说："狗屎，我来看看你们，想听听你们对堵江有什么意见，还想请几个'诸葛亮'，研究研究堵江的事儿。"

"行，行，我这就叫人找去，"黄狗屎高兴地连声答应，"意见？不，经过去年堵江的锻炼，大家思想都提高了，都拥护堵江保大局。"说着，又滔滔不绝地介绍起昨晚干部会上的情况。

我们一边谈，一边向位于洲中的大队部办公室走去。杨保成显然被黄狗屎的介绍感动了，不住地点着头，称赞玉枕人风格高。等黄狗屎介绍完毕，他指着路两边碧绿粗壮的稻苗问："堵了江，对你们影响大不大？"

"影响当然有，"黄狗屎说，"不过，问题不大。昨晚我们已经研究过了，决定采取两条措施，作两套准备：从今天起，集中全部劳力给稻田施肥、除草，同时给每丘田增加半寸水。这样，加上原有的田水，可以维持十八天到二十天。那时候，天下雨了，最好；再不下雨，就男女老少全部出动，将内港里的水全部车进田里，大约又可以维持十五天。农谚说：早稻出穗一个月，晚稻出齐一个月。出穗时我们还有水，不怕。即使再不下雨，也可保证有收成。此外，我们已加强全洲二十八个水门的管理，除了原来管理的三十个人外，二十七个支委、队长也全部参与进去，尽量争取在堵江合龙前多进些淡水，蓄在内港里。我们的口号是：既要支援堵江保大局，又要保证玉枕早季亩产八百四十斤，做到一亩不失，一斤不丢，大局要顾，小局要保，'既要热，又要结冻'，来他个全盘丰收！"他说得那样有根有据，那样充满信

心，使我们听的人都不得不相信他的计划一定能实现。

不知不觉走到了大队部。我们一起上了楼，坐下又谈了一会儿，副大队长蔡臭头、大队水利主任高耳钩、老社员许细来了，于是大家又研究起堵江的事来。

杨保成说："再过几天就是大潮，如果能抢在大潮前堵起来，莲花大概只要损失千把亩，东园三千亩，但困难大，玉枕的损失也可能大些。要是过了大潮再堵呢，困难是小些，你们玉枕也可以多吃几天水，不过那边损失就不止四千来亩了。你们看是大潮堵好呢，还是小潮堵好？"

黄狗屎说："当然大潮堵好，早一天堵早一天救大局嘛。困难嘛，有上一次的经验，有党的领导，一定可以克服的。至于玉枕，嘿，我们一共才两千来亩，比那边少得多了。"

"对，"高耳钩接着说，"常言重病吃拼药，不下狠心，大局就保不住。"

"听上次堵江回来的人说，上次堵江人力还有安排得不够合理的地方，今年要组织得更好些……”黄狗屎补充说。

“对了，”蔡臭头也插话说，“去年堵江合龙时才打桩，危险性大，又不保险，这次应该事先选好合龙地点提前一天打桩。”

老社员许细一边抽烟，一边仔细地听着大家发言，不时点着头，这时他说：“还有，筑坝最好改用泥，上次用沙土，经不起冲刷，容易倒。”

杨保成问：“可是到哪里去运泥呢？”

是啊，到哪里去运泥呢？田里的泥是不能挖的，因为那会破坏耕地，影响粮食产量。要挖只能挖河泥或者海泥，可这河泥海泥，在这一带是主要的肥料，人们都是把它当宝贝一样珍惜的。新中国成立前，谁家田边的河泥海泥，是不许别人动的，为了挖泥，不知有多少人打架打得头破血流呢！我望着在座的玉枕人，想听听他们怎样回答这个问题。只见黄狗屎挨次望了大家一眼，似乎在问：“你们同意我发言吗？”其他玉枕人立刻报以肯定的目光，那目光似乎也在说：“讲吧，你还信不过我们？”于是，黄狗屎狠狠地把烟蒂往地上一摔，坚决地说：

"上我们这里运吧！"

我的心猛地一震。啊，玉枕人，去年为了保大局，夺全县丰收，他们毫不犹豫地赞成堵江决定，不仅超额派出技术人员去担负堵江最艰巨的合龙工程（拿他们自己的话说，是"用自己的手掐断自己的喉咙"），现在，为了使坝身更牢固（要知道，坝筑得越牢，就意味着给他们自己带来的困难就越大），又毅然地献出自己生产的本钱——海泥，这是一种怎样的胸怀，怎样高尚的风格啊！再看那玉枕人，个个都在认真地想主意，认真地谈办法，那认真严肃的神情，仿佛他们研究的不是将带给他们意想不到的困难和损失的堵江，而是他们自己如何争取丰收的措施。我敢说，这时候他们心里想的只有兄弟社队，只有全县、全省以至全国的生产计划，玉枕这个"小我"，早已被他们抛到脑后去了。啊，今天的玉枕人有着多么宽广的胸怀，多么高尚的心啊！

"好！好！"杨保成显然也被玉枕人这种无私奉献的精神感动了，他忍不住激动地连声称赞，"玉枕风格就是高！玉枕风格应该大立！"

“这是应该的嘛！”高耳钩憨厚地笑着说，“现在，小局服从大局这个道理，我们玉枕人已经像人要吃饭一样清楚了。”

第二天清早，当我们再渡江赶到玉枕洲的时候，玉枕洲上已呈现出一片比昨天更加紧张、忙碌的景象了。一路走去，只见社员们有的在给稻田拔稗子；有的挎着篾箩在给稻田施肥，雪白的肥田粉像雪花一样在翠绿的稻苗头上飞舞。一个个蘑菇状的斗笠，一件件姑娘们五彩斑斓的花衣，一个个男子宽阔结实的肩膀，在翠绿的稻丛中移动。

我发现社员们跪着除草的田里都蓄着满满的水，水浸到了大腿上，许多人连裤衩都湿透了，便好奇地问路边一个正在除草的小伙子：“不是要把水放干了才除草的么？你们怎么蓄那么满的水？”

“不是要堵江了吗？”小伙子抬起头，用不大熟练的普通话答道，“江一堵，水就流不下来了，我们得抢在堵江前尽量多蓄些水啊！”

“这样泡在水里除草，很难受吧？”我同情

地问。

“嘿嘿，”小伙子笑道，“没什么，我们都是从小在海里泡大的。再说，我们现在难受点，那边大片旱田可就得救啦！”

原来是这样！怪不得大家的劳动这样紧张、繁重，却看不出谁有一点点不愉快的情绪，照样有说有笑，又唱又闹。我不由得又想起去年堵江后玉枕人常说的一句话：“我们吃点苦没什么，只要能保住大局就行！”

果然，黄狗屎兴奋地告诉我们，昨天晚上的社员会开得非常爽快利落，绝大部分玉枕人都积极拥护支援堵江的决定，并支持大队支委会提出的抗旱保收办法，表示要尽最大努力争取早季不受损失，把 1963 年获得的“玉枕风格”的红旗举得更高。

黄狗屎他们要到洲尾去看看，我们便跟着一同往洲尾去。

一路上，黄狗屎不停地用闽南话跟在田间劳动的人打招呼，有时还停下来商量点什么。我听不懂闽南话，老方告诉我，他是在检查布置抗旱保收的工作。

快到洲尾的时候，迎面跑来一个五十上下年纪的老农，神情有些紧张，拦住黄狗屎就叽叽咕咕说起来。黄狗屎的脸色随着老农的话也慢慢变了。我忙问黄狗屎："发生了什么事？"

黄狗屎说："因为久旱的关系，昨晚挂畲围水门已经不能进水，新沧围水也干了，外北围、南围、旧喑、新喑也都断了水，整个洲尾已有将近一千亩稻田出现了旱象。"说罢，他略略思考了一下，就招手把同行的几个大队干部叫到一起，说："我们抓紧研究一下，看是不是从通天围往洲尾引水？"

"行，就这么办！"大家齐声回答。

"那好，赶快通知各生产队长，吃罢中午饭马上到大队部开会。"黄狗屎果断地作了决定，大步向洲尾走去。他要去洲尾看看旱情到底严重到什么程度。

堵江还没开始，就遇到了这样的问题，看来往后的困难真难以想象呢。

午饭后，大队支委、十八个生产队长都到大队部来了，有的站着，有的坐着，围在一张长桌旁就开起会来。黄狗屎神色自若，语调平

静地用闽南话说了一通，接着便是大家发言。开头还是一个一个轮着讲，几分钟后，就嚷成了一团，有的人还大声喊叫，那热烈激荡的声浪仿佛要把房顶都抬起来了。

可惜，他们讲的都是闽南话，我连一句完整的话都听不懂，老方也来不及翻译，只好苦笑，我只偶尔听得“没问题”“保证”“莫衰小”这些词反复地从他们口里蹦出来。这样讨论了不到半个钟头，会就散了。队长们拔腿奔下楼，急急忙忙分头而去。

“你看，我们玉枕人就是这个脾气，”黄狗屎显然十分满意，一边卷烟，一边对我说，“不通就不通，一通了便什么事都好办。”接着便择要向我介绍刚才讨论的情况。

原来，全洲二十八个水门中以通天围水门进水最多最好，但如果要放水下去救洲尾，这里的水量就会大大减少，从而影响通天、八石一带二三百亩稻田的灌水。这一带的田是十六石和博士两个队的，要放水就得跟这两个队商量。两个队的队长毫不犹豫就满口答应了，博士队队长说：“堵江都要支援呢，本大队的事还有啥说的。再说，一千亩比了我们两三百亩，也是大局嘛，小局服从大局，没问题！”十六石队队长接着说：“不过，最好能考虑个两全的办法，今年不比往年，不能只顾保一千，丢二百。”队长们齐声应道：“对，德祥说得有理。十六石、博士队让水给我们，我们调水车来给他们车水（这里都是自流灌溉的，极少用水车车水），来他个‘又要热，又要结冻’，保一千，也保二百！”会议就这样决定了。

当我们在办公室谈完话，走出队部大门，忽然听见“隆隆——哗哗——吱吱——呀呀——”的声音，响彻玉枕洲上空，赶紧站到高处一望，只见通天围内港两岸，已密密麻麻排满了水车，社员们正在起劲地踏着水车往田里车水，看那干劲，就像生怕比别人少踏一脚似的。

我不禁赞叹地对黄狗屎说：“胡头，你们的动作好迅速呀！今年早季，是完全有希望保住了。”

“是呀，”黄狗屎兴奋地、充满自信地说，“保了洲尾一千，不能丢了通天二百；要保全县大局，也要保玉枕小局。这一次，我们是下了

决心啦!”说完，意犹未尽，又得意地接着说:“老俞，不瞒你说，自从去年堵江以后，我们大队的工作越来越好做了，尤其是碰到个人与集体、大局与小局这类问题，有时你想讲几句大道理，他们就说:‘不要讲了，我们通了，你就说怎么做吧!’——嘿嘿，我们玉枕人就是这个脾气!”

“这就是进步!”我说，“玉枕人进步了啊!”

是的，所谓进步，所谓觉悟，不就是在一次一次不断的实践中慢慢积聚的结果吗?人们在实践中看到了真理，接受了真理，日积月累，就觉悟了，进步了，提高了，人类社会不就是这样发展过来的吗?

车声隆隆，水声哗哗，这响彻云霄的声响，仿佛在向老天爷宣告:又一场抗天的伟大战斗已经打响……

1964年4月于莲花公社

热浪

在亚热带的闽南，便是寒冬腊月，也带着几分暖意。眼前的冬天，则格外地显得热气腾腾。

我是1964年头一天的晚上离开福州的。一天细雨，把原来暖和的天气淋得寒意习习。但是，列车越往南行，寒气越淡，第二天，虽然还雨丝轻扬，如粉似雾，却带了点“清明时节雨纷纷”的味道。及至踏上龙海县境，已然雨过天晴，仿佛真的踏进春天的门槛了。你看，田野上各式树木，碧绿苍郁；冬翻的土地，泥浪滚滚；那边一簇人马，水利修得正忙；这边一群社员，车水戽水却紧。你沿着漳（州）海（澄）公路东行，只见路旁排着大堆大堆的河肥，把路面都挤小了。路边小河港里，到处是一群一群的社员，他们笑着唱着，挑着一担担

乌黑油亮的河泥，有秩序地在几丈长、尺来宽的跳板上往来奔跑，远远望去，像行行大雁在闪翅飞翔。有的干得兴起，索性甩掉上衣，光着膀子，那流汗的脊背在阳光下闪闪发光……

一幅多么动人的冬忙图！你走着走着，仿佛有一阵阵热浪迎面扑来。

但，给我这种感觉最强烈的，还不是在田野上，而是当我踏进海澄镇的时候。这里正在召开龙海县的劳动模范和四级干部扩大会议，八千多个代表把小小的海澄镇挤得满满当当。龙眼树下，凉台上，院子里，房间内，到处是一簇一簇的人群。人们兴高采烈地谈论着 1963 年的大丰收和 1964 年的生产规划。在这里，不论你跟谁攀谈，他都会滔滔不绝地告诉你许多激动人心的故事。他会对你说，去年，龙海县遭到了两百多天严重的春旱，夏收时又遇到了洪灾的突然袭击，整个晚季生产中又接连遭到了旱灾、虫灾和冻灾的侵扰，但是，他们都一一把它们战胜了，而且在特大的灾年，实现了“水稻亩产千斤县”。他们还会告诉你，在那艰苦卓绝的抗灾斗争中，他们社里或者队里涌现出了多少英雄人物，产生了多少英雄故事，声震遐迩的“榜山风格”怎样在他们那里开了花，结了果。

我曾经听到这样一个故事：这次参加大会的榜山公社南苑大队的代表中，有一个六十二岁的老贫农林港岸。这是一位不轻信任何新事物的倔老汉。去年秋收时，他听社员们夸耀队里出现了多少“千斤田”，心里说：“年轻人瞎吹哩，想当年我们种两季加起来还不够这个数呢！”为了证实自己的想法，有一天，他悄悄拿了把镰刀，跟社员一起去割了一丘矮脚南特号，晒干一秤，一千零七十斤。他还不信，又亲自去割了一亩，再秤，一千零二十。这下，他的嘴巴张圆了。从此，他逢人便说：“嗨，盘古以来没这样旱过，盘古以来也没这样大丰收过。”这次劳模会上，他听说南苑大队要在公社大会上宣读一份挑战书，就主动要下了这个任务。在几百个人面前，他不慌不忙取出老花眼镜戴上，摇头晃脑地念了起来，念到1964年全大队平均单产一千六百八十斤处，禁不住眉飞色舞，还大声补充了一句：保证实现！他这种充满自

信的口吻，把台下的年轻人都激得跳起来了，纷纷议论说："老汉家都跳（跃进）起来了，我们还不跳吗？"

有一天吃罢午饭，我到莲花公社管委会去。在一个小小的房间里，我碰到了1962年全省高产红旗山后大队的党支部书记杨金海。来这里后我就听人说，1963年，山后大队又独占鳌头，继续保持了龙海县单产冠军的光荣称号，而且平均单产又比1962年增长了两百多斤。这是怎样惊人的成绩啊！我正想向他祝贺，没想他却说："去年一年，全县出现了十二个亩产一千五百斤以上的高产队，黎明、翠林、溪墘等好几个大队晚季都比我们高。现在大家都在喊要超过我们，我心里正紧张得很哩！"

这倒是实话，现在，谁的心里不紧张呢。有许多代表晚上八点半开完会，就急急忙忙赶回队去传达会议精神，检查冬季生产进展情况，第二天一早再赶回来开会。他们都担心本队生产落在人家的后面呀。杨金海因为所处的地位不同，自然比别人更紧张些。

就在我们说话的前一天，杨金海的小孩病

了，中午休息时他赶回去看，可是还没来得及问问小孩的病情，他又出门检查各生产队的积肥情况去了。他先到山后上队，发现这个队的跳板不够，窝工现象严重，当即帮他们解决了一路跳板。接着又来到港岸生产队，只见社员们正在把晒干的河泥往田里送，他想，这个队的两条河港只挖了一条，另一条还满满的是水呢，为什么挑起泥干来了？找队长一问，才知道有的社员认为反正挖的河泥跟往年差不多了，不打算再挖另一条河港。这一下可把杨金海急坏了，他说："唉！往年是往年，今年是今年，人家都嚷着要在今年超过我们，我们还按往年的劲头搞生产怎么行呀？"当即跟队长算起账来，一算，果然发现按今年的要求，肥料还差得多呢！这下队长如梦初醒，拍着自己的脑袋说："嗐，糊涂！我马上就组织社员车水去！"

"昨天下午，他们就把那条河港的水车干了，"杨金海笑着说，"今天已经动手挖河泥啦。"

"你们劲头真大！"我不由称赞道。

"不大不行呀，"杨金海说，"你知道，去年我

们就靠的种、肥两招赢了人家，这会大家都摸到我们的底了，再不鼓劲，红旗就保不住啦。红旗，我们是一定要保的!”

从莲花公社出来，杨金海的声音一直在我耳边萦绕。我忽然想到应该去看看港尾公社的党委书记周德根同志。去年，龙海十五个公社，有十四个取得了大丰收，只有港尾因为受灾特别严重，减了产。现在，他们在想些什么呢?

在一幢小楼里，我找到了周德根。他正在聚精会神地看一份 1964 年的生产规划。

“要是前几天你来找我，我真不敢见你呢。”他笑笑说，“你知道，去年早季我们几乎损失了一半，有三十多个生产队全部绝收。刚来开会那几天，见了人都不敢抬起头，连吃饭都不敢往饭厅走。开完会，人家高高兴兴逛大街，看戏，看电影，我们几个人呢，却躲在这里研究生产计划，连元旦都没有出门，这真是从来没有的事呀! 这几年，港尾一直是面红旗，经常受表扬，可现在，你看，没有完成国家计划!”他侧身斜靠在被卷上。

“不过，这怪不得你们，去年的灾害实在太

严重了。”我说。

“就为的这哩！”他猛地从铺上坐起来，“要说劳动量，我敢说，去年一年我们比哪个公社都大，可我们还是落后了，这怎不叫人伤心？不怕你笑话，那几天我真想打个报告调到别的地方工作去呢。可是后来，我发现真正落后的还不是港尾这个公社和广大社员，而是我的思想。有一天我去参加大队讨论会，贫农代表陈海贼见我垂头丧气的模样，问我：‘周书记你心头不高兴？’我说：‘你说我怎么高兴得起来？’他说：‘噢，你是说去年我们减了产？不过照我看，去年我们的成绩就是大！’我问：‘怎么讲？’他说：‘你去翻一翻历史，1946年只两个月春旱，港尾地区饿死了多少人，多少人逃荒外地做乞丐，多少年恢复不过元气来。可去年，两三百天大旱没有一个人挨饿，更不说逃荒要饭了，这不是天大的成绩是什么？何况去年我们的花生长得并不算坏，晚季又取得了大丰收！’他这一说，许多贫农代表和生产队长齐声嚷道：‘就是哩，六三年倒不下，六四年就站得起，怕什么！’”周德根停了停，深深吸了口

烟，接着又说：“那天吃罢晚饭，我正埋着头往回走，忽听得有人叫我的名字，抬头一看，地委马书记正在窗台上朝我招手。我赶忙跑上去，马书记热情地握着我的手说：‘德根，听说你不大高兴？’我不好意思地说：‘去年我们没有完成国家计划。’他问：‘差多少？’我说：‘五十万。’他哈哈笑道：‘五十万？五十万算什么，一百万也不可怕！你们去年干得不错，这样大的灾害能取得那样大的成绩，了不起哩。悲观什么？干吧，看你们今年的劲头啦！’啊，这时候我的心里呀，真像翻滚的大海一样。你看，贫下中农为我们公社撑腰，上级领导又那样理解和支持我们，我还怕什么？从马书记那里出来，就像心头上搬掉了一块大石头，两条腿那个轻呀！我一口气跑回房间，把几个常委叫到一起，说：‘来，我们把今年生产计划再研究一下！’”

说到这里，周德根兴奋地笑了，我也舒心地笑了。

“那晚，”周德根继续说，“谁也不觉得夜长了，从吃罢晚饭一直讨论到十一点半熄电灯；电灯熄了，点上蜡烛再讨论；夜深了，大家躺进被窝里，但是睡不着，于是又讨论起来。从那以后，几乎每个晚上不讨论到深夜不睡觉。你看——”他把手往墙上一指，一道又黑又粗又长的蜡烛火焰熏成的黑印子，衬着雪白的墙壁，更显得异样夺目。“那就是我们这几天会议的纪录！”他高兴地说。

“现在你们家里的冬季生产开展得怎样？”我问。

“可热火啦，”周德根把烟蒂扔掉，盘起腿，挺起胸，“这几天，来开会的代表们又是给队里写信啦，又是挂电话啦，有的甚至派人回去，都急着把会议精神传达给社员。留在家里的干部呢，也常常派人来这里探消息，会内会外真是连成一气啦。昨天公社一个副书记来谈，全社已有一万多人投入积肥、修水利运动，现在已积各种肥料四百二十三万九千多担，比去年同期增加了一百来万担。全社还有十个水利工程建设正在进行。群众的劲头可真大，你不叫搞他们也要搞，你不给补助他们也不怕。去年旱季旱得最严重的时候，沙潭大队一滴水都没有，社员说：‘反正没事干，我们修水库去，今

年丢了明年还可以补哩！’就动手修起水库来了。最近又有八百多人在那里大搞，听说就要完工了，这水库一修成，可装二十多万方水哩！”

这时，一直坐在一旁听我们谈话的公社党委办公室主任许玉欧也高兴地插进来说：“今年我们的生产抓得早，按季节提前了半个，按时间则提前了二十五天。特别冬季生产希望很大，冬种面积比往年扩大了百分之六十，粮食总产预计可达二百万斤到二百五十万斤，不仅能补过去年早季的损失，还能有一部分作为今年生产的资金呢！”

“对，六三年倒不下，六四年就站得起，现在我们就正在站起来！”周德根又兴奋地插进来，做了一个坚决的手势。

在整个谈话过程中，周德根时而斜靠在被卷上，时而又坐起来，挺起胸脯，眼睛里闪着自信的光芒。我仿佛觉得，从他身上正有一阵阵热浪不断地向我扑来。

高产队继续全力争上游，低产队和受灾地区鼓劲奋起追先进，这就是沸腾的海澄镇所表现出来的一个鲜明的特点。同样可贵的是，我还发现，在这次大会上，敢于斗争、团结互助、顾全大局的“榜山风格”得到了大力发扬，这光辉的共产主义的红旗深深地插进了代表们的心坎，人们已经懂得了只有这样才能战胜一切灾害，夺取一次又一次的丰收。1963 年的难忘的经历使他们对自然的认识，跃进到了一个新的高度。现在，人人心里都说着一句共同的话语：1963 年那样严重的自然灾害都能战胜，还有什么困难能阻挡我们前进的脚步？

在海澄镇上逗留的几天，我越来越感觉到有一股巨大的热力在到处冲激，仿佛八月的大潮正在以不可阻挡之势猛涨着。于是有一天，我把这个想法告诉给龙海县委书记刘秉仁同志。他笑笑说：“是啊，一个新的生产高潮正在到来，最明显的特点便是广大群众要求 1964 年取得更大丰收的心情越来越迫切，而这，确确实实是出于人们自觉的要求，这是以往任何一年的情况都不能与之比拟的。”

我想了想，觉得很对。可不是吗，任何一个汹涌澎湃的高潮，它的第一个浪头总是从人们心底掀起的啊!

明天，代表们就要奔向自己的岗位去了，他们将把这次大会的热浪带回战斗的村庄和田野，和那里的热浪汇合。一个汹涌澎湃的热潮即将席卷整个龙海。1964年，便是这样迈开她最初的脚步的!

1964年1月15日急就于石码，2月25日发表于《福建日报》的《海潮》副刊

我和『龙江风格』

我和“龙江风格”没有什么直接关系，与它的前身“榜山风格”和“玉枕风格”倒有过一些接触，但“龙江风格”正是由“榜山风格”和“玉枕风格”发展起来的。

1964年元旦，《福建日报》总编辑孙泽夫从龙海挂电话到报社，指名要我赶去龙海参加由他亲自带队的采访组，采写1963年龙海抗旱斗争事迹的报告文学。后来王仲莘同志告诉我，老孙在《福建日报》当副总编辑、总编辑15年(其间还兼任省委副秘书长和省委宣传部副部长)，亲自带采访组下去采写的只有两次，这是其中一次（另一次是福清音西大队），可见他对这一次采写活动的重视。我于当天晚上乘火车，第二天天亮到郭坑，再坐长途汽车赶到龙海县

委所在地石码镇，由此便开始了一次终生难忘的采写活动。整个采访组除了报社驻漳州记者站的全体记者外，还有龙溪地区和龙海县报道组的同志。在我到达之前，他们已作过一次采访，并由报社副刊部主任林振夏执笔写成初稿《降龙伏虎看今朝——1963 年在龙海》。我去见老孙时他和我说，老林擅长搞评论，写报告文学，文字就显得不够活泼生动了。我把你叫来就是要你来接替老林负责采访组的工作，并执笔写第二稿。第二天，老孙和老林便回了福州。于是在初稿的基础上，我们又重新组织记者分头下乡作补充采访。

《降龙伏虎看今朝——1963 年在龙海》宣扬的主要是龙海县人民公社社员抗天斗地的英雄精神和“丢卒保车”的“榜山风格”。据原福建日报漳州记者站记者江福全回忆，1960 年 3 月龙海县也有过一次春旱，莲花公社的旱情较重，有一万五千多亩早稻田因缺水无法溶田，与莲花公社毗邻的榜山公社水资源比较充分，了解到这一情况后，主动提出让出三十三条港道的水，支援莲花公社抗旱溶田，而自己则组织全社劳力另辟水源，解决因支援莲花公社用水而变成缺水旱田的溶田插秧。为了表扬这种舍己为人的高尚风格，他写过一篇《把方便让给别人，把困难留给自己　榜山社旱天让水支援邻社，自己克服困难开渠引水，也及时完成了溶田》的新闻发表在3月13日《福建日报》第二版，报社还为此配发了一篇短评《可贵的风格》，指出“这一事例生动地显示了广大农民集体主义思想的迅速增长，生动地说明了共产主义风格已经日益成为一种新的社会道德标准”。这是最早将榜山公社舍己为人的行为提升到共产主义风格的高度，但还没有出现“榜山风格”这四个字。

可能是因为灾情严重的程度和机遇的关系，这条新闻在当时并没有引起所谓轰动效应。

从灾情严重程度方面看，1963 年这一次，从 1962 年 10 月 3 日到 1963 年 6 月 13 日，整整旱了二百五十三天，八个多月，千年未见！而结果呢？全县二十八万四千六百七十四亩早稻，除一万三千一百零八亩因旱咸绝收，总产仍达一亿三千零五万斤，完成了计划指标的百分之

九十一，比丰收的1962年早季只减产一成，相当于新中国成立十三年来的正常年景，有一百一十九个大队（占大队总数的百分之四十一点五）超过了历史最高水平，或者保持了1962年早季丰收的水平。而晚季又战胜了虫、涝等自然灾害，实现了县委在年初提出的“水稻亩产千斤县”目标。在粮食丰收的同时，其他经济作物如花生、甘蔗，以及渔、副、牧业生产也取得了一定发展。大灾年大丰收，城乡繁荣，物价平稳，处处欣欣向荣。拿1960年那次春旱与1963年来比，只能说是小巫见大巫了。

除严重程度外，还有一个机遇的问题。从当时全国形势看，中央号召全国人民学毛泽东著作、学解放军、学雷锋，政治气氛很浓。在华东地区，自华东农业先进集体代表会议以后，华东局很强调宣传农业先进典型，特别强调要抓政治思想方面的东西，抓方向性的东西，而老孙在这个时候将“榜山风格”的再次出现作为重大典型，亲自带队采访，也是他贯彻中央和华东局号召的一次实际行动吧。

但从最早将榜山公社舍己为人的行为提升

到共产主义风格的高度这件事情看，江福全说他是“首唱者”似乎也无不可。因为任何事情，包括人的觉悟和进步，总有一个逐渐发展的过程。我在《又要堵江了!》一文的最后就写过这样一段话：“是的，所谓进步，所谓觉悟，不就是在一次一次不断的实践中慢慢积聚的结果吗？人们在实践中看到了真理，接受了真理，日积月累，就觉悟了，进步了，提高了，人类社会不就是这样发展过来的吗?”从1960年榜山和莲花两个公社间的友好合作，到1963年龙海全县大合作并出现“榜山风格”，也是这样发展来的。

其实，在老孙他们到龙海之前，关于“榜山风格”的报道已陆续在省内一些报刊上出现。根据连月美（笔名“年月”）查阅，最早是1963年2月21日《漳州报》以头版头条新闻报道了《龙海万人胜利堵截九龙江》，3月7日该报又报道了《九龙江水滔滔涌入洋西渠道，龙海南部育秧溶田热火朝天》的新闻，紧接着，《福建日报》、福建人民广播电台、《厦门日报》也都作了相应的报道。4月7日《漳州报》又以

头版头条通栏大字标题报道了该报记者陈文和采写的《牺牲自己部分庄稼，保证广大地区不受旱灾，服从大局风格高尚》的新闻，并配发评论《丢卒保车，顾全大局》，还在报耳上配发陈文和写的快板诗《榜山风格到处传》。4 月 23 日，《福建日报》以头版头条新闻刊发了《榜山公社助人抗旱贡献大》的新闻，并配发社论《高尚的风格》。5 月 10 日，《福建日报》又在头版发表了记者林国鉴采写的《抗旱春耕奏凯歌，九龙江上颂新人　玉枕队舍己为全局，受益队同心帮玉枕》的新闻，还配发了一篇社论《“舍卒保车”全盘皆胜》。5 月 31 日，《人民日报》特约记者、诗人郭小川来到龙海，亲眼目睹了千军万马横堵九龙江北溪的壮观场面，于是，6 月 21 日《人民日报》在头版刊登了郭小川写的长篇通讯《旱天不旱地——记闽南抗旱斗争》，并配发短评《“榜山风格”的光辉》。同一天，上海《文汇报》也发表了新华社记者李峰、林俊卿采写的长篇通讯《九龙江畔一曲抗天凯歌入云霄》。这样看来，1963 年“榜山风格”的“首唱者”应该是《漳州报》的陈文和，而第一次将“榜山风格”唱向全国的则是郭小川和李峰、林俊卿。

7月以后，早稻陆续开镰，偏偏在这时，一场强台风带来了暴雨，一些地方又出现了新的自然灾害，于是，在《漳州报》和《福建日报》上又出现了“榜山风格”新发展的报道，如《福建日报》6月29日刊发的记者姜观采写的《急人之急助人为乐，榜山风格再奏赞歌，东园社员帮榜山公社抢收受淹早稻》；7月9日又刊发记者夏乡和通讯员郭春莲采写的新闻《“舍卒保车”风格高，思想生产双胜利，榜山公社旱年早稻庆丰收》。再接下去就是龙溪地区晚季大丰收和全年粮食生产大丰收的报道了，如12月11日，《漳州报》记者吴自如采写的通讯《黄金季节访榜山》，1964年1月5日刊发的总结性新闻《榜山公社风格高产量高，成为全区水稻最高产公社》。1月19日《福建日报》头版刊发的《龙海从大旱大涝中夺得水稻千斤县》。就是在这样的背景下，《福建日报》总编辑孙泽夫和副刊部主任林振夏来到漳州，组织采访组到龙海，开始了对1963年全县抗旱斗争报告文学的

采写。

我是1962年4月底才从青海日报社调到福建日报社的，一来就被安排在副刊部当编辑，对福建的情况一无所知，一门心思都扑在熟悉副刊编辑业务上，其间曾到漳州市的天宝公社、东山岛以及莆田、仙游、厦门等地采访，学习写散文，在福州市内也有一些采写任务，对“榜山风格”只是略有耳闻，说实话并不关心，所以这次突然叫我去接受这样艰巨的任务，而且是改写顶头上司的文章，真是诚惶诚恐，不能不有所顾虑。我刚到石码的时候，离石码不远的海澄镇正在召开龙海县劳动模范和四级干部扩大会议，总结1963年的生产经验、表彰年度先进典型和讨论1964年的生产计划。1963年堵江所涉及的先进社队的代表人物基本上都参加了会议。我想去感受一下气氛，顺便也找这些人聊聊天，对了解前一年的抗旱斗争肯定有帮助，便在采访组记者分头下乡作补充采访后，一个人去了海澄，不料一去就被会议的热烈气氛所吸引，忍不住随机作起采访来。会议结束回到石码招待所，我于1月15日一口气写成了

《热浪》这篇四千五百多字的散文，寄回编辑部，未作什么改动，便在2月25日的《海潮》副刊上发表了。这时，采访组的记者们也已陆续回来，大家把补充采访来的材料交给我，我便根据这些材料和自己在海澄会议上了解到的材料改写《降龙伏虎看今朝——1963年在龙海》的初稿。修改稿两万多字，改名为《抗天歌》。后来又经过修改压缩，变成一万五千多字，以"石刃"（因采访组共有十人）的笔名，于1964年11月27日刊发在《福建日报》的《海潮》副刊上。

写完《抗天歌》，我将稿件寄回编辑部的同时，征得总编辑和副刊部领导的同意，一个人留下来，到玉枕洲采访玉枕大队的事迹。当时在全省以至全国叫得最响、广为人知的是"丢卒保车"的"榜山风格"，《福建日报》虽然也发表过记者林国鉴采写的关于玉枕的报道，但比较简略，影响并不大。在采写《抗天歌》的过程中，我发现地处九龙江入海口的莲花公社玉枕大队为保大局作出的牺牲比洋西等大队还大，事迹也更加动人。在刚刚结束的海澄大会

上还被作为崇高风格的典范，提出了“崇高风格学玉枕”的口号（这是第二句，第一句是“向榜山风格学习”），号召全县人民向玉枕人学习。只是因为机遇的关系，他们的崇高风格未能被媒体好好宣传，因而未能被更多的人所认识。会议期间我也与莲花公社党委书记周顺明和玉枕大队党支部书记黄狗屎有过一些接触，感觉很值得写一写，于是，我决定深入玉枕洲和玉枕人内心的深处作一次采访。那时候闽南一带的农民大都不会说普通话，我又是外乡人听不懂闽南话，所以特地邀请了莲花公社报道组的方渊泉陪同作翻译，当然也因为他和玉枕的干部很熟，找人办事都方便。我们在玉枕大队部楼上住了二十来天，白天晚上，不是找人到大队部里个别采访或开小型座谈会，就是到田间地头或社员家里访问，对一些主要人物几乎是刨根问底，从出身到表现到家庭，正确的错误的各种想法，旁人的反映，甚至生动的语言表达，都作了详细记录，有的听不大明白的技术如打桩、包坎头等，还请他们当场演示。短短二十来天时间，竟密密麻麻地记了满满一本

福建日报

抗天歌

海潮

《抗天歌》（发表于1964年11月27日的《福建日报》）

福建日报

玉枕人

海潮

《玉枕人》（发表于1964年11月28日的《福建日报》）

采访本，并且就在大队部楼上，很快写成了一百二十五张稿纸、三万七千多字的初稿。回到报社，我把初稿交给副刊部领导，领导看完后又让副刊部同事传阅提意见。修改的时候发现有些人物和事件还需要作补充采访，于是4月下旬我又跑到海澄镇，请老方陪同，再次到玉枕，前后十多天，并在莲花公社招待所里写成了约三万字的第二稿。第二稿与第一稿不同的地方是，第一稿是以“玉枕风格”为主要线索写过程带出人物，第二稿则是通过对几个主要人物的刻画来串连故事。部里的领导和同事们看了第二稿后，认为从报纸宣传的角度考虑，还是以写风格从而带出人物的写法较好，又因为报纸版面限制，只能发一个版（写全县的《抗天歌》也只有两个版），于是在两个稿子的基础上再进行修改，压缩成一万二千字，加了“编者按”，以“玉枕人”为题，用我的笔名“祁莲”发表在1964年11月28日《海潮》副刊上。

玉枕洲是地处九龙江入海口的一个小岛，岛上两千多人的吃喝用水和两千多亩稻田及其他土地的灌溉用水都靠九龙江流下来的淡水。九龙江一堵，淡水断流，带给玉枕人的困难几乎是致命的。但是玉枕人想起 1959 年 8 月 23 日，十二级强台风挟着暴雨和猛涨的大潮，一下子把玉枕洲十五公里围洲大堤冲得无影无踪，玉枕洲陷入灭顶之灾时，漳浦、云霄、海澄三县民众和人民解放军济南二团，各由一个领导带领，八千多人，自带工具和粮食，纷纷赶到玉枕支援，只用了不到半个月时间，就修起了一条十五公里长、二点五米高、三米多宽堤面的围洲大堤，比原来的海堤还高还厚，恰好挡住了第二次大潮。与此同时，人民政府的救灾款和生产用肥，兄弟社队群众支援的衣服鞋袜和桌椅板凳碗筷等也成批地送来了。真是要人有人，要物有物。玉枕人一想起当时的情景，毅然喊出“摺鲫鱼、钓大鲋，值!”的口号，并比县堵江指挥部的要求加一倍派出四十名打桩能手，冒着生命危险主动承担了拦江大坝最艰巨的合龙任务，“用自己的手掐断自己的喉咙”。还不止如此，在玉枕洲陷入苦旱煎熬，甚至揭不开锅的时候，他们又从外出为大队搞副业赚

钱备荒的四十名护坡专业队员中，挑选了二十五个打桩技术最好的队员，由专业队队长带领，抬着两个大石夯奔走几十里，赶去支援南溪渡槽工地，解救浮宫、白水、东泗三个公社五万多亩田的旱情。他们在南溪上打下了一百一十二根四米长的木桩，还打断了一个大石夯。后来夏收时节，突然下了五天五夜暴雨，玉枕人在自己早季几乎绝收的情况下，又先后派出三百九十多人次社员，共支援了山后、豆巷、黎明、屿上、和平、内溪、埭新，崎沟、下地等九个大队抢收，先后时间一个月。就在这样困难的情况下，玉枕人提出“早季损失晚季讨”的口号大战晚季生产，夺得了平均亩产七百七十一斤的成绩，比丰收的 1962 年晚季增产了一百七十四点四斤，比历史上最高的 1957 年还增产了一百六十五斤，离高产模范山后大队的八百斤只差二十九斤。全大队二千七百多亩晚稻共收获了粮食二百零八万一千七百斤。特大灾年取得了特大丰收！最后他们还谢绝了兄弟大队的支援，完成了一百一十五万斤粮食的征购任务！

以上只是玉枕人在1963年一年中的大致情况。我在采访过程中，常常被他们叙述的许多激动人心的事例感动得热泪盈眶。《玉枕人》全文从三万多字压缩成一万二千字，肯定有许多事迹和细节写不进去，我觉得太可惜，便在第一稿的基础上作了一些增改，写成了三万多字的第三稿，寄给上海的《收获》杂志，很快收到回信，说题材很好，写得也不错，提了几条很具体的意见，让我再改一改。改完寄去不久，1965年初，我随《碧水赞》（以“榜山风格”为题材的芗剧）和《红色少年》（写张高谦的闽剧）演出团到上海参加华东戏曲调演采访，一天我抽空去《收获》编辑部拜访，责任编辑左泥和小说散文组组长、老作家罗洪接待我，告诉我主编巴金已经读过我的作品，认为题材激动人心，写得也不错，已决定全文发表。不过因为写的是真人真事，为慎重起见，按当时的规矩，还需要龙海县委或福建省有关部门审读盖章。我让他们直接寄给龙海县委。

这时已经到了“文化大革命”前夕，文艺界正处于风雨飘摇之中。再过不久，便传来了

《收获》被勒令停刊的消息。左泥把另一篇已经编好待发的青海题材的散文《青稞》退还给我，但玉枕的这篇却没有提起，不知是否已寄给龙海县委不在手头？我也没有写信去问，于是这篇稿子就没有了下落。

从1964年2月25日《福建日报》的《海潮》副刊发表我的《热浪》起，宣扬“榜山风格”的文艺作品便陆续不断，光是我写的就有《榜山风格歌》（诗歌，3月3日）《榜山人看〈碧水赞〉》（通讯，6月5日）《〈碧水赞〉人物》（诗画配，宪龙画，8月21日），《抗天歌》（报告文学，11月27日、28日），《玉枕人》（报告文学，12月18日）。1965年初，芗剧《碧水赞》和闽剧《红色少年》两出戏在上海演出期间，《解放日报》《文汇报》《新民晚报》和《福建日报》等新闻媒体所发的有关新闻报道和部分评论，如《〈碧水赞〉歌颂“丢卒保车”崇高风格》《本市文艺界座谈〈碧水赞〉〈红色少年〉》《福建两出现代戏具有深刻教育意义》《〈红色少年〉〈碧水赞〉受赞扬》《福建戏曲战线呈现一派新气象》等都是我写的，其中有的还被相关报纸评为好稿。1965 年底，上海新华京剧团首次到福建慰问演出京剧《龙江颂》，省、市戏剧界和新华京剧团主要演职员举行座谈会，我也写了一份内参刊登在 1965 年 12 月 13 日的《采通简报》上。

如果把新闻媒体关于“榜山风格”的报道比喻为一曲大合唱的话，虽然我写的字数最多，在我一生的编辑记者生涯中，也算是一次难得的采写活动，但放在这场大合唱中也不过是合唱队伍中的普通一员，讲早不如江福全和陈文和，讲影响之大不如郭小川、李峰、林俊卿。但不管新闻媒体如何合唱，真要查考“榜山风格”如何演变成“龙江风格”和“龙江精神”，并普及到全国为亿万老百姓知道，我觉得还得归功于戏剧，因为老百姓阅读纸媒的习惯和兴趣毕竟不如看戏。而最早把“榜山风格”更名提升为“龙江风格”的，则是福建省话剧团创作演出的话剧《龙江颂》。

早在 1963 年 7 月下旬，当时的省文化厅厅长陈虹带着陈贻亮、陈文和、丁叶到龙海有关公社大队深入生活，创作宣扬“榜山风格”的话剧剧本。在广泛接触群众过程中，他们感觉到所谓的“榜山风格”其实已经不仅属于榜山公社，而已经遍及九龙江两岸，成为沿江各社队群众的共同信念和行为准则，后来便由陈虹提出其他三人一起讨论决定，将原剧本中的“溪边大队”改为“龙江大队”，并将剧名由《榜山风格》《玉泉颂》改名为《龙江颂》，10月初交福建省话剧团排练，然后在福建省内巡回演出。12月下旬赴上海参加华东区话剧观摩会演，一炮打响，在上海演出十场，累计观众一万一千人。1964年春被选为华东区晋京汇报演出剧目，同样受到了中央首长及各界干部群众和专家的高度评价，从1964年2月5日到3月15日，共四十天，累计观众三万九千二百余人，同时吸引了全国许多剧种的几十个剧团，他们派人前来观摩和索要剧本回去移植。1964年春，上海新华京剧团将《龙江颂》改编成京剧演出。1966年4月8日，上海又组建革命现代京剧《龙江颂》剧组。《龙江颂》后来发展成八个“革命现代京剧样板戏”之一，1972年4月又被拍摄成同名彩色故事片，风靡全国，“龙江风格”也就妇孺皆知了。至此，“榜山风格”完成了向“龙江风格”的彻底嬗变。

光阴荏苒，一晃几十年过去了，我以为时过境迁，像玉枕、榜山这样的风格和人物，在当今社会已不再会有人感兴趣，也就慢慢地把它淡忘了。直到连月美和她的《龙江人寻找龙江颂》出现，才如我在前言中说的，它仿佛给我一个启示：历史不会中断，传统还会继承，希望并未熄灭，问题是社会如何引导。

也是从那时起，已经被我逐渐淡忘的当年的情景又从记忆深处慢慢苏醒过来，特别是知道玉枕大队党支部书记黄狗屎在“文化大革命”中被残酷地批斗，后来又为玉枕洲吃喝用水的问题心力交瘁、吐血身亡的消息后，我决定要在有生之年再为玉枕做点什么。我曾委托连月美在寻访《龙江颂》的过程中代为寻找我那寄给《收获》的原稿的下落，但没有找到。幸好当年采写的原始材料（第一稿、第二稿和两次采访的笔记本）还保存着。于是，我把这些素材找出来从头阅读一遍，从 2008 年 6 月 16 日起，花了二十多天时间，凭着对寄给《收获》

杂志的稿件的记忆，重写了《玉枕人——1963年纪事》这篇稿子，当时题为“玉枕英雄谱——1963年纪事”，发表在我的博客上。我的目的是想尽可能详细地记录当年玉枕人这个群体的英雄事迹，留给后人，留给历史，它的内容也就比曾经发表的《玉枕人》详细了许多。全文四万八千字，光字数就比《玉枕人》增加了三倍。

当年采写《抗天歌》和《玉枕人》的时候，我还是一个不足三十岁的小伙子，如今重写《玉枕人——1963年纪事》，却已是七十四岁的古稀老人了。回首往事，不禁唏嘘！

另外，1964年4月下旬我到玉枕洲补充采访的时候，恰逢龙海县再次遭遇春旱，县委决定再堵九龙江。再堵九龙江，就意味着玉枕洲也将再次面临旱季绝收的风险，在新的考验面前，玉枕人又将如何面对呢？如果说当年采访《玉枕人》时，我只能凭人们事后的回忆来了解当时的情况，那么这一次却是身临其境，亲眼目睹玉枕人的精神风貌了，我真真切切地看到了“玉枕风格”是如何在玉枕人身上成熟和发